문자도 ― 현대를 만나다

Munjado from the Joseon Dynasty

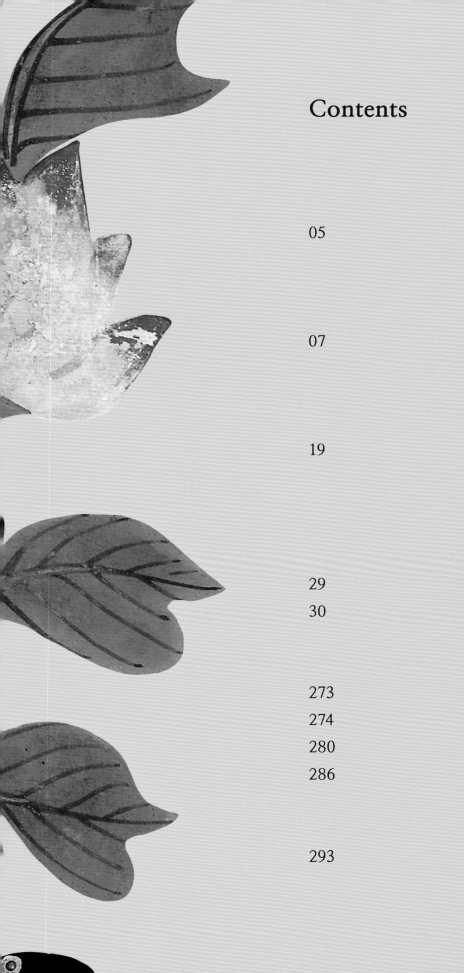

Contents

근현대 미술을 50년간 다루어 오면서 과연 가장 한국적인 그림이 어떤 것인가를 늘 생각해왔습니다. 그 원천은 19세기부터 20세기까지 성행한 우리 민화가 아닌가 생각됩니다. 이 시기는 웅장하고 찬란한 궁중 민화로부터 글이나 말로 형용하기 어려운 기상천외한 민화들이 다양하게 번창했습니다. 특히 1850년대부터 일제강점기를 거쳐 1960년대까지 줄곧 민화 붐이 일었던 것입니다. 동시대 유럽에서는 세잔, 모네, 반 고흐, 피카소에 이르기까지 세기적인 작가들이 대거 출현했습니다.

미국의 3대 미술관 중 하나인 시카고 미술관 (The Art Institute of Chicago)에서 2017년에 그 미술관 컬렉션 중에서 주요 작품만 골라서 실은 『Paintings at the Art Institute of Chicago: Highlights of the Collection』이 발간되었습니다. 그 책에는 모네 작품 다음에 조선 민화 책거리 한 점이 실려있고 그 옆에 나란히 세잔의 정물화가 실리고, 다음 페이지에 고흐 작품이 차례로 실려 있습니다. 미국 평론가들은 동시대의 한국 작가들의 작품보다 '민화 책거리'를 대표적인 한국 그림으로 선정한 것입니다.

1970년대부터 학자나 전문가들이 민화에 관심을 가지면서 책자도 발간하고 강연, 전시 등 민화를 알리기 위해 지속적으로 노력해왔습니다. 앞으로도 지속적으로 뛰어난 민화를 찾아내어 재평가하고 연구하는 일에 저도 작은 힘이나마 동참하고자 합니다. 이번 《문자도, 현대를 만나다》 전시도 이런 맥락에서 기획·진행되었습니다.

현대화랑은 2018년 《민화, 현대를 만나다》 화조편을 열어 민화계 뿐만 아니라 일반 미술 애호가들에게도 많은 호응을 받았습니다. 전시 후에 미국 미술관과 일본에서 조선 민화전을 기획하고 있다고 도움을 청해 왔습니다.

우리나라도 머지않아 국립근대미술관이 건립될 것입니다. 그 안에 '조선민화관'을 만들어 우리 근대 미술사의 반석 위에 올려놓는다면, 우리 미술을 해외에 알리는데 더욱 분야가 넓어질 것입니다. 조선시대의 뛰어난 민화들은 세계 유수한 미술과 견주어보아도 경쟁력이 있다고 믿습니다.

이번 조선 문자도 전시에 활발히 작품활동 하고 있는 세 작가의 작품을 한자리에 놓아 비교 전시하는 것도 의미 있는 일이라 생각되어 초대하였습니다. 오늘의 시선에서 뛰어난 작품을 찾고 널리 알리는 일도 우리의 몫이라 생각됩니다. 이러한 노력을 통해 민화가 독창적인 한국미술사의 한 장르로 자리매김하기를 기대합니다.

현 대 화 랑
박 명 자

문자도의 매력, 구조적 짜임

정병모 | 한국민화학교 교장, 경주대 특임교수

1. '문자의 창'을 통해 내다본 세상

문자를 이미지로 표현한 그림을 '문자도(文字圖)'라 일컫는다. 문자 같은 그림이고 그림 같은 문자다. 문자와 그림을 조합한 새로운 형식을 갖추고 있다. 문자가 가진 이미지와 그와 관련된 스토리의 특성을 십분 활용한 세계다. 서예로 볼 수 있고 회화로 분류할 수 있는 모티브다.[1]

애초에 문자와 그림은 뿌리가 같았다. 학자들이 문자의 연원을 그림으로 보는 데에는 큰 이견이 없는 것 같다. 거북 뼈에 새긴 갑골문도 기본적으로 대상의 형상을 간략화한 회화문자이고, 선사시대 바위그림을 초기의 문자로 보는 이유도 여기에 있다. 말이란 내뱉는 순간 사라져 버릴 가능성이 크고 멀리 전달이 되지 않기 때문에, 사람의 말을 고정하기 위해 문자가 탄생했고 초기에는 그림의 형태를 띠었다고 한다. 역사시대 이후 문자는 그림과 구분이 되었지만, 원래 태생이 그림이라 언제든 계기가 되면 다시 문자와 그림은 언제나 하나로 결합시키는 자성을 지니고 있다. 그런 점에서 문자와 그림이 조합한 문자도의 탄생은 원초적이고 숙명적이라 할 수 있다.

문자도는 한자가 지닌 주술신앙에 뿌리를 두고 있다. 말이 씨가 된다. 무심코 던진 말이 실제 이뤄진다는 뜻이다. 그림도 마찬가지다. 단순히 감상용의 그림도 있지만, 그림의 내용이 보는 사람의 삶을 지배할 수 있다. 그림대로 된다는 뜻이다. 우리는 이른 시기부터 문자와 그림의 주술적 영험에 대한 강한 믿음이 있다. 선사시대 바위에 그림을 새기는 까닭은 그림처럼 될 것이라는 주술신앙 때문이다. 울주 대곡리암각화에는 편평한 바위 위에 작살이 매겨진 고래 이미지가 새겨져 있다. 고래를 잡기 전에 고래 이미지에 작살을 매기는 의식을 행하면 실제 고래잡이 때 잘 잡힌다고 믿었다.[2] 복(福)자를 그린 문자도는 집안에 행복을 가져다주고, 효(孝)자를 그린 문자도는 자식들이 효자 되게 한다. 문자가 의미하는 대로 소망이 이뤄지

---

1. 문자도의 대표적인 도록으로는 이명구, 『동양의 타이포 그라피, 문자도』, 리디아, 2005; 정병모 기획, 『한국의 채색화』, 다할미디어, 2015; 『문자도·책거리전』, 예술의전당, 2016; 『제주도문자도』, 예나르, 2020 등이 있다.
2. 정병모, 『미술은 아름다운 생명체다』, 다할미디어, 2001, 24~39쪽.

고, 문자가 바로 그 대상 그 자체라는 믿음이다. 문자도는 단순한 이미지 세계가 아니라 주술신앙에서 비롯된 이미지 세계인 것이다.

문자는 삼라만상을 압축적으로 단순화한 기호다. 훈민정음에서 땅은 'ㅡ', 하늘은 'ㆍ', 사람은 'ㅣ'로 나타낸다. 여기에 문자의 다양한 기능을 붙여서 여러 유형의 문자가 탄생하지만, 기본은 사물의 형상을 표현하는 데 있다. 문자도는 이러한 '문자의 창'을 통해서 그 문자 내용과 관련하여 펼쳐지는 작은 세계를 내다보는 것이다.

조선시대 문자도는 크게 길상문자도(吉祥文字圖)와 유교문자도(儒敎文字圖)로 나눌 수 있다. 길상문자도는 행복의 복(福), 출세의 녹(祿), 장수의 수(壽)자를 그린 문자로, 백수백복도가 이에 해당한다. 유교문자도는 유교 덕목인 '효제충신예의염치(孝悌忠信禮義廉恥)'를 그린 문자도이다. 처음에 길상문자도로 시작한 조선의 문자도는 후기에 와서 유교문자도가 대거 유행했다. 유교 국가인 조선시대에 걸맞은 문자도가 유교문자도이다. 유교문자도의 탄생은 다른 나라 문자도와 구별되는 조선시대 문자도만의 특성이다. 조선왕조가 윤리적이고 교조적인 성격이 강한 시대였다는 것을 보여준다.[3]

가장 조선적인 문자도인 유교문자도의 매력을 무엇일까? 그것은 구조적 짜임에서 찾을 수 있다. 현대화가 이우환은 민화를 '생활화'로 인식하고, 그 중요한 특징을 구조적 짜임으로 보았다.

> "한마디로 미의 실체 또는 대상의 존재 자체에 대해서가 아니라 그림의 구조적 짜임에 대해 보다 더 큰 관심을 가지고 있었다는 말이다."[4]

이우환은 민화를 재평가하는 기운이 높아진 이유가 그림의 자기완결성보다는 무성격하게 그려져 있는 그 뛰어난 구조적 성격에 있고, 이념보다는 관계를, 사실보다는 윤곽을 택하는 것은 조선회화 특유의 표현법에 있다고 보았다.[5] 이러한 특색은 문자도와 책거리, 그중에서 민화적인 특색이 뚜렷한 작품들에서 두드러진다. 예술성이란 측면에서 볼 때, 관계의 미학을 보여주는 구조적 짜임이 민화, 더 나아가 문자도의 가장 중요한 매력이라고 할 수 있다.

2. 길상문자도에서 유교문자도로

조선의 문자도는 다른 동아시아 국가처럼 길상문자도로 시작했다. 임진왜란 때 중국 명나라의 백수도(百壽圖)가 조선에 전해졌다. 1610년 남평현감 조유한(趙維韓, 1558-1613)이 임진왜란 당시 의령에서 명나라 장수 유정에게 받은 백수도를 광해군에게 바친 것이 기록으로 확인되는 문자도의 가장 이른 예다. 이 백수도는 큰 수자 안에 작은 수자 100개를 넣은 삽입형의 형식으로 구성되었다. 반면에 조선 후기에는 복

---

3. 정병모, 「여덟 문자에 담긴 희망의 찬가: 문자도 병풍」, 『Beyond Folding Screens』, 아모레퍼시픽미술관, 2018, 330~335쪽; 정병모, 「朝鮮の儒敎が生み出した文字藝術—「儒敎文字圖」屏風について」, 『美術フォーラム21』 39, 2019.

4. 이우환, 『이조민화』, 열화당, 1977, 38쪽.

5. 이우환, 『이조민화』, 42쪽.

(福)자와 수(壽)자를 백 가지의 전서체로 나란히 배열한 백수백복도(百壽百福圖)가 제작되었다. 나열형의 형식이다. 백수백복도란 '오래오래 사시고 복 많이 받으세요'라는 뜻이다.

10폭에 '갑오춘서(甲午春書)'라고 적혀 있는 백수백복도(도 1)가 있다. '1894년 봄에 썼다'는 뜻이다. 갑오년은 7월에 갑오개혁이 일어났던 역사적인 해이다. 그 밑에 '朝鮮義州張麟善謹摸'이란 주문방인이 찍혀 있다. '조선 의주에 사는 장인선이 삼가 본뜬다'라고 해석된다. 그 아래에는 '本花山字瑞伯號龍山'이란 방인이 찍혀 있다. 본관이 화산(花山)이고, 자가 서백(瑞伯)이며, 호가 용산(龍山)이란 사실을 알 수 있다. 고종 10년(1873) 식년시 결과를 기록한 『숭정기원후4[5]계유식사마방목(崇禎紀元後四[五]癸酉式司馬榜目)』에 장인선의 형인 장홍선(張鴻善)이 사마시에서 생원으로 합격한 기록이 전한다. 여기에 부친은 진사를 한 장효건(張孝鍵)이고, 첫째가 장인선, 둘째가 장홍선(張鴻善), 셋째가 장봉선(張鳳善), 넷째가 장갑선(張甲善)이며, 본관은 안동이고 거주지가 의주라고 나온다. 화산은 경상북도 안동시의 풍천면 병산리에 있는 산이므로, 본관이 안동인 것이다. 의주는 평안북도 의주군(義州郡)으로 압록강변에 위치해 있다. 1888년 장홍선은 감찰의 벼슬을 했다고 『숭정원일기』에 기록되어 있다. 감찰은 관리들의 비위 규찰, 재정 부문의 회계 감사, 의례 행사 때의 의전 감독 등 감찰 실무를 담당하는 정6품의 벼슬이다. 이 백수백복도는 복(福)자와 수(壽)자를 번갈아 가며 다양한 전서체로 그린 복자 100자와 수자 100자로 구성되어 있다. 한 화폭에 복자와 수자를 번갈아 구성한 것은 민화 백수백복도에 보이는 특징이다. 이 병풍의 매력은 색채로, 각 폭마다 색을 다르게 표현했다. 색감이 부드럽고 감각적인 파스텔 톤이다. 이 병풍은 작가와 제작 연대 그리고 제작지를 알 수 있는 백수백복도라는 점에서 주목할 만한 작품이다.

그런데 18세기에 들어서서 조선 문자도의 패러다임이 바뀌었다. '복록수(福祿壽)'의 길상문자도가 아니라 '효·제·충·신·예·의·염·치(孝弟忠信禮義廉恥)'의 유교문자도가 성행한 것이다.(도 2) 이 문자도를 누가 언제 어떤 목적으로 창안했는지 알 수 없지만, 유교를 널리 알리고 생활화하는 교화적인 의도로 제작하여 유포했을 가능성이 크다. 비슷한 선례로 세종 때 제작된 삼강행실도(三綱行實圖)가 있다. 이 책은 조선의 건국이념인 유교의 덕목인 효, 충, 열을 백성들의 윤리로서 전파하기 위해 제작하여 반포한 윤리 교과서다. 그렇지만 이보다 더욱 효과적으로 백성들의 생활 깊숙하게 영향을 미친 방식이 유교문자도 병풍이었다.[6]

조선은 유교를 국가의 이념으로 내세운 왕조다. 그 이념은 종주국인 중국보다도 더 원칙적이고 교조적으로 신봉했다. 유교문자도에 깔린 유교 이데올로기는 이러한 조선 사회의 분위기를 반영하고 있다. 부모에게 효도하고, 형제간에 우애를 지키며, 나라에 충성하고, 벗을 사귐에 신의를 지키며, 예절을 다하고, 정

---

6. 유홍준·이태호, 『문자도』, 대원사, 1993; 이영주, 「조선후기의 孝悌文字圖」, 『미술사논단』 24호, 한국미술연구소, 2007; 정병모, 「조선 민화에 끼친 유교의 영향」, 『미술사학』 23호, 한국미술사교육학회, 2009; 안호숙, 「민화 〈문자도〉에 구현된 유교이념 - 廉恥를 중심으로 -」, 『동양예술』 33호, 한국동양예술학회, 2016.

의롭게 행동하며, 청렴결백하고, 부끄러움을 알아야 하는 유교 윤리를 보여주는 여덟 가지 덕목은 윤리적으로 올바르게 살아가는 인간관계가 무엇인지를 알려주는 명목이다.

우리는 흔히 동양에서는 '관계'를 중시하고, 서양에서는 '개인'을 중시한다고 말한다. '효제충신예의염치'의 여덟 가지 덕목은 유교적 인간관계를 표상한다. 이들 덕목은 인간관계에 대한 지침인 동시에 일상생활에서 성인의 도를 실천하는 방법이기도 하다. 고려 말 성리학자 안향(安珦, 1243-1306)은 『회헌실기 晦軒實記』에서 성인의 도(道)에 대해 이렇게 설명했다.

> "성인(聖人)의 도는 단지 일상생활에서 마땅히 도리를 실천하는 것일 뿐이다. 자식으로서
> 어버이에게 효도하고 신하로서 임금에게 충성하고 예로 집안을 다스리고 신의로써 벗을
> 사귀고 경(敬)으로서 자신을 닦아 모든 일을 반드시 성(誠)으로 할 따름이다."[7]

성인이란 학문에 힘쓰고 덕행을 쌓고 벼슬을 한 성리학의 이상적인 존재인데, 일상생활의 마땅한 도리를 실천하면 성인이 될 수 있다는 희망의 메시지다. '성인은 타고난 것이다'라는 운명론에 사로잡힌 춘추전국시대의 공맹 유학과 달리 '배우면 성인이 될 수 있다'라는 수양론을 펼친 송나라 주자의 성리학은 조선인에게 꿈과 희망을 제시했다. 제주도의 문자도가 예시하듯, 적어도 문자도를 통해서 성인이나 사대부까지는 몰라도 양반은 될 수 있다는 희망에 차게 했다. 그런 점에서 조선시대는 문자에 국운을 걸은 나라라 해도 과언이 아니다.

'효·제·충·신·예·의·염·치'의 문자를 한 폭에 한 자씩 그려 넣어 병풍으로 꾸몄다. 이는 문자의 내용대로 부모에게 효도하고, 형제간의 우의를 돈독히 하며, 나라에 충성하고, 사람들 간의 신의를 중시하며, 예의 범절을 지키고, 정의롭게 살며, 청렴결백하고, 부끄러움을 알라고 하는 메시지를 늘 가슴에 새기라는 살라는 목적이었다. 이것을 단순히 문자로만 써서 병풍을 제작한다면 지나치게 교조적인 느낌이 들 텐데, 아름다운 그림으로 꾸며서 자연스럽게 흥미를 갖게 유도한 것이다.

굳이 병풍으로 꾸민 이유가 무엇일까? 조선시대에 병풍이 생활 속에서 요긴한 도구이면서 이를 양반의 상징으로 믿었기 때문이다. 우리는 태어나서 돌잔치를 병풍 앞에서 한다. 커서 혼례를 병풍 앞에서 치르고, 과거급제하면 병풍 앞에서 축하 잔치를 벌이며, 나이가 들어 회갑 잔치를 병풍 앞에서 거하게 연다. 그런데 세상을 떠나면 병풍 뒤에 놓인다. 병풍 앞은 삶이고, 병풍 뒤는 죽음이다. 병풍은 삶과 죽음의 경계선이다. 그만큼 우리 삶에서 병풍은 떼려야 뗄 수 없는 필수품이다.

여기에는 또 다른 바람이 담겨있다. 표면적인 현상과 달리 이면에 현실적인 욕구가 깔린 것이다. 유교문자도에 있는 '효제충신예의염치'와 관련된 고사는 백성들을 교화하는 역할을 하는 것이 일차적인 기능이지만, 병풍 형식의 제작된 유교문자도는 서민이 양반문화를 누리는 방편으로도 활용된 것이다. 조선 후기에 서민 계층이 성장하면서 서민들의 양반문화에 대한 동경이 유교문자도가 성행하는 동력이 되었다. 유교문자도는 유교 이념을 전파하는 유용한 도구로 활용되었다. 유교 이데올로기를 중시한 조선에서 유교문자도의 존재는 꼭 필요했고, 조선만이 가능한 문화였다.

---

7. 『회헌실기』, 「유국자제생문(諭國子諸生文)」.

1702년 제주목사 이형상(李衡祥, 1653-1733)이 신당과 사찰을 불태우는 우리나라에 유례가 없는 종교 탄압을 단행했지만, 얼마 되지 않아 신당들이 다시 세워질 만큼 큰 효과를 보지 못했다. 하지만 유교를 거부했던 제주도인들은 19세기 유교문자도 병풍 앞에서 유교를 받아들이는 놀라운 변화를 보였다. 그런데 아이러니컬하게도 제주도인이 유교문자도 병풍을 받아들인 것은 문자도에 담긴 유교 이념보다는 병풍이 가진 양반으로서의 상징성 때문이다. 제주도 민요 〈양반가〉에 '양반의 인연은 길에 병풍 두른 듯하고, 상놈의 인연은 길에 개똥 밟은 듯하다'라는 말이 전하듯이, 제주도인은 병풍을 양반의 상징으로 인식했다. 제주도 문자도에는 바다를 비롯한 제주도의 자연을 적극적으로 담아 단순히 육지의 문화를 받아들인 것이 아니라 제주도식으로 변용된 문자도로 탈바꿈했다.(도 3) 문자도 병풍을 통해 제주도까지 유교화에 성공했다. 하지만 얼마 되지 않아 조선은 멸망했으니, 조선을 구석구석 유교화하는 데 무려 오백 년이 걸린 셈이다.[8]

도 3. 〈제주문자도〉
20세기 전반
8폭 병풍, 종이에 채색
각 88.5×48cm

유교문자도는 전국적으로 유행했다. 조선의 유교문화는 문자도와 더불어 생활 깊숙이, 그것도 전국 구석구석에 파고들었다. 서울·경기 문자도, 강원도 문자도, 경상도 문자도, 전라도 문자도, 제주도 문자도 등 지역 양식을 뚜렷하게 구분할 수 있을 정도다. 지방별로 문자도 양식이 발달했다는 사실은 문자도가 전국적으로 확산했고 그것이 토착화되었다는 것을 보여준다.[9] 애초에 서울에서 퍼져나간 일이지만, 각 지역에서는 토속적인 문화와 결합하면서 지방 예술로 자리 잡은 것이다.

유교문자도는 18세기 후반부터 20세기 전반까지 200여 년 동안 민화의 중요한 모티프로서 서민들의 많은 사랑을 받았다. 유교의 이념을 생활화했고, 이를 통해 양반 생활을 꿈꿨다. 오랜 세월에 걸쳐 누리다 보니, 원래의 취지와는 달리 그 성격도 변해갔다.

3. 유교문자도의 기호화와 양식화

18세기 유교문자도는 조선시대 해서의 정형인 한석봉체(韓石峯體) 문자의 틀 안에 각 문자와 관련된 고사 인물화를 넣는 방식으로 시작되었다.(도 2) 초기 문자도는 궁중에서 제작하여 배포한 것 같은 심증이 들만큼 표현기법이 뛰어났다. 효자도를 보면, 효자 문자 안에 중국 서진의 효자 왕상(王祥)이 계모를 위해 겨울에 잉어를 잡는 이야기, 오나라의 효자 맹종(孟宗)이 겨울에 계모를 위해 죽순을 캐는 이야기, 한나

8. 정병모, 「제주도민화연구: 문자도병풍을 중심으로」, 『강좌 미술사』 24호, 한국미술사연구소, 2005, 191~227쪽; 『제주도문자도』에 실린 김유정의 「제주도 효제문자도의 특성과 그 형성 배경」, 이동국의 「제3조형언어로서 〈제주문자도〉의 아름다움과 그 이면」, 변종필의 「제주도문자도의 독창성, 그 현대적 조형미」, 정병모의 「민화 문자도의 스토리와 이미지」 논문 참조.
9. 이명구, 「조선후기 효제문자도의 지방적 조형특성 연구」, 『디자인학연구』 58호, 한국디자인학회, 2004; 윤열수, 「문자도를 통해본 민화의 지역적 특성과 작가연구」, 동국대학교대학원 박사학위논문, 2007; 윤열수, 「강원도지역 민화에 대한 고찰」, 『동악미술사학』 제9호, 동악미술사학회, 2008; 정병모. 「제주도민화연구: 문자도병풍을 중심으로」; 이상국, 「경상도 유교문자도 연구」, 『한국민화』 2집, 계명대학교 한국민화연구소, 2013.

라 효자 황향(黃香)이 여름에 아버지를 위해 침상에 부채질을 한 이야기, 대효(大孝)로 알려진 순(舜)임금이 오현금을 즐겨 탄 이야기 등 고사인물화들을 담았다. 문자의 틀 안에 몇 가지 작은 인물화를 담는 형식은 중국 소주(蘇州) 문자도의 영향을 받았을 가능성이 있다.(도 4) 중국 소주 문자도는 길상문자도이고 조선의 문자도는 유교문자도인 차이가 있지만, 그 형식은 유사하다.[10]

도 4. 〈수자도 壽字圖〉
청대, 종이에 채색
106×64cm
소주 도화오

19세기에는 문자 안에 고사인물화를 담은 전형의 형식에서 벗어나 간략하게 기호화되고 양식화되는 변화를 보였다.[11] 문자의 획이 관련된 고사인물화를 상징하는 동식물이나 물건으로 대체된 것이다. 예를 들어 왕상 이야기를 표현할 때 어린 왕상이 도끼로 꽁꽁 언 강물을 깨는 모습이 아니라 이 이야기를 연상하는 상징인 잉어로 1획을 대체한다. 마찬가지 방식으로 2획은 맹종의 죽순, 4획은 황향의 부채, 7획은 순임금의 오현금으로 대체되는 것이다.(도 5) 마치 픽토그램(pictogram)처럼, 양식화된 그림문자들이 획을 구성했다.[12] 이는 중국 문자도 형식에서 벗어나 조선 문자도 형식을 창안하는 계기가 되었다. 동·식물과 기물만 내세워서 관련된 이야기를 떠올리게 하는 방식이다. 이쯤 되면 이들 동·식물과 기물은 사람들이 그것이 말하는 이야기들이 무엇인지 금세 떠올릴 만큼 오랫동안 교육되면서, 은유적인 상징성을 지니게 된다. 아울러 이러한 현상은 유교문자도가 상류 계층의 지식에 머물지 않고 백성들이 사랑하는 문화로 확산하였음을 보여준다.

도 5. 〈문자도〉
19세기 말-20세기 초
8폭 병풍, 종이에 채색
각 71×33cm

효자도를 보면, 앞서 언급한 것처럼 왕상의 이야기 대신 잉어, 맹종의 이야기 대신 죽순, 황향의 이야기 대신 부채, 순임금 이야기 대신 오현금을 대표적인 상징으로 삼았다. 여기에 육적(陸績)의 귤이야기가 포함되기도 한다. 오(吳)나라의 육적이 육세 때 원술(袁術)을 뵙고, 그 집에서 내놓는 귤 세 개를 가슴 속에 숨겨 어머니에게 드리려 했던 일이다.[13]

제자도에는 할미새, 산앵두나무, 화병이 나온다. 새 가운데 가장 형제간의 우애가 깊은 새로 유명하다. 어미 할미새가 벌레를 잡아 오면, 산앵두나무에 깃든 새끼 할미새들이 사이좋게 나눠 먹는다. 오른쪽에는 꽃받침을 나란히 하여 피어 있는 화병을 그려놓는데, 이를 '병채(竝蔕)'라고 한다. 모란이나 연꽃이 등장하는데, 남녀의 만남, 부부의 사랑, 그리고 형제간의 우애를 상징한다.

10. 정병모, 「민화와 민간연화 – 형성과정의 비교를 중심으로 –」, 『강좌 미술사』 7권, 한국미술사연구소, 1995, 101~142쪽.

11. 박일우, 「민화의 기호학적 해석」, 『한국프랑스학논집』 30, 한국프랑스학회, 2000, 93~98쪽; 박일우, 「'문자도'의 기호학적 위상」, 『기호학연구』 33호, 한국기호학회, 2012, 127~152쪽.

12. 박일우, 「민화의 기호학적 해석」, 93~98쪽.

13. 이영주, 진준현, 「민화 효제문자도의 내용과 양식변천-선문대학교 박물관 소장품을 중심으로-」, 『선문대학교박물관 명품도록 Ⅳ 민화-문자도편』, 선문대학교박물관, 2003, 254~276쪽; 진준현, 「민화문자도의 의미와 사회적 역할」, 『미술사와 시각문화』, 2004, 68~95쪽; 이영주, 「조선후기의 孝悌文字圖」, 『미술사논단』 24호, 한국미술연구소, 2007, 231~260쪽.

충(忠)자도에는 용 버전과 새우 버전이 있다. 용버전은 잉어가 용이 되는 어변성룡(魚變成龍)의 과정을 보여준다. 이는 출세를 상징한다. 충자 아래의 마음 심자는 새우와 대합이 등장하는데, 이는 새우와 대합의 한자인 하합(蝦蛤)이 화합(和合)과 상통하니 왕과 신하가 마음이 맞는다는 뜻이다. 새우 버전은 굽은 새우등처럼 임금에게 충성을 다하는 모습을 의인화한 것이다.

신(信)자도에는 파랑새인 청조와 흰 기러기인 백안이 주인공이다. 동방삭이 청조를 보고 신중의 왕인 서왕모가 온다는 신호라고 보았는데, 실제 그런 일이 벌어졌다. 백안이 흉노에 잡혀간 소무(蘇武)가 죽지 않고 살아있다는 편짓글을 가져와서 이를 증거로 소무가 흉노의 주장처럼 죽은 것이 살아있다는 증거로 제시하여 돌아왔다는 이야기다.

예(禮)자는 첫 획에 대표적인 상징인 거북이 표현된다. 이 거북은 낙수(洛水)에서 중국 최초의 문자인 낙서(洛書)를 등에 지고 나온 신귀(神龜)이다. 이 거북은 입에서 서기를 내뿜으며 등장한다. 문자 중간에서 공자가 강론하는 장면을 상징하는 행단(杏壇)이 그려지는데, 행단의 행자가 원래 살구나무인데 간혹 은행나무로 받아들여 은행나무를 그리는 경우도 있다.

의(義)자도는 물수리와 복숭아나무로 꾸며진다. 물수리는 요조숙녀와 짝할 수 있는 군자를 상징한다. 『시경』의 첫 번째 노래인 관저의 시에 "구욱구욱 물수리는 길가에 노네. 아리따운 쳐녀는 군자와 짝이러니."라는 구절에서 연유한다. 복숭아나무는 『삼국지연의』에 나오는 도원결의(桃園結義)의 배경이 되는 나무다.

염(廉)자도는 단연 봉황으로 대표된다. 상상의 동물인 봉황은 고고함의 상징이다. 아무데나 앉지 않고 오동나무에 앉고, 아무거나 마시지 않고 염천만 마시며, 아무거나 먹지 않고 대나무 열매인 죽실(竹實)만 먹는다. 굶어 죽을지언정 조따위는 먹지 않는다고 했다. 게로 대표되는 버전도 있다. 게는 자체의 속성도 그렇지만 송나라 유학자 주돈이(周敦頤)의 호인 염계(濂溪)의 계와 발음이 비슷하여 서로 통하는데, 나서고 물러나는 행실에 분명함이 있다는 상징이다.

치(恥)자도의 주인공은 백이와 숙제다. 그들의 청절비(淸節碑)나 그들을 상징하는 수양매월(首陽梅月), 즉 수양산의 매화와 달이 그려진다. 달 속에는 옥토끼가 약방아를 찧고 있는 '달의 신화'를 담는 경우가 많다.

이처럼 기호화되는 유교문자도의 표현은 단순화되거나 장식화된다. 일본민예관 소장 〈문자도〉는 문자도가 얼마나 단순화될 수 있는지 그 극단을 보여주는 작품이다. 신(信)자도(도 6)를 보면, 1획에는 서왕모의 청조, 3획은 백안이 가는 선묘로 그린 반면, 나머지 획은 투박한 행초로 받침을 한다. 단순한 아름다움이 구상을 넘어 추상으로 다가온다. 신이라는 문자의 윗부분만 최소한으로 이미지화하는 데 그쳤다. 묵직한 표현의 글씨에 경쾌한 묘사의 새들이 대비를 이룬다.

유교문자도에서 정형과 변형의 관계는 궁중회화에서 민화로의 확산이고, 고사인물화에서 화조화로의 변화이며, 사실주의에서 상징주의로의 전이다. 여기에 그치지 않고 민화 유교문자도는 또 한번 변신한다. 교조적인 기능에서 벗어나 본격적으로 회화적인 표현세계로 다양화된다. 여기서 조선시대 문자도의 절정을 볼 수 있다.

4. 구조적 짜임과 장식적 경향

조선시대 문자도의 놀라운 성취는 19세기 후반 장식적인 유교문자도에서 일어난 구조적 짜임의 세계에 있다. 민화의 구조적 특색은 책거리와 더불어 문자도에서도 한국적인 상상력과 창의력을 펼쳤다. 한국미 술사학계에서는 그동안 '사실적 묘사'란 아카데믹하고 보수적인 미적 기준을 지나치게 신봉하고 다양한 미적 기준을 간과한 점이 있다. 오히려 이러한 정통의 굴레에서 벗어날 때, 비로소 한국적이고 현대적인 미의식을 발견할 수 있다. 구조적 짜임도 현대에 새롭게 발견된 한국미술의 중요한 특색인 것이다.

이 시기 민화에는 제제 간 조합이 빈번하게 일어났다. 문자도만 보더라도, 문자도와 화조화, 문자도와 책 거리, 문자도와 산수화, 문자도와 영모화 등 전혀 생뚱맞은 제제가 서슴없이 그리고 어색함이 없이 원래 하나였던 것처럼 조화를 이뤘다.[14] 한 그림에 한 제제만 담아야 한다는 고정관념에서 탈피하고 제제 간 경 계가 허물어지면서 기발한 상상의 이미지 세계가 한껏 발휘되었다. 비빔밥처럼, 자유로운 제제의 조합은 우리 민족 전유의 구성력이 한몫을 했다.

도 7. 〈예자도〉
19세기 말 20세기 초
종이에 채색, 68.5× 39.6cm
일본민예관

문자도에서 가장 기본으로 삼은 구성은 직선과 곡선의 조합이다. 문자는 초서나 행서 의 유려한 곡선으로 그리고 그것을 꾸미는 도상을 직선적인 짜임으로 구성한다. 특히, 문자도와 책거리는 책이라 공통분모를 지니고 있기 때문에 둘이 찰떡궁합처럼 조화를 이룬다. 제자도와 신자도의 왼쪽 부수에는 책갑의 쌓임을 흔히 볼 수 있다. 책갑의 쌓 임을 보면, 현실세계와 이상세계를 넘나드는 초현실적인 구성까지 등장한다. 책갑들 사 이에 또 하나의 공간을 마련하여 그곳에는 서왕모의 궁궐이 일부 보인다.(도 7) 의자도 에서는 문자도 획들이 골격을 이룬 가운데 지붕을 비롯한 건축물이 자연스럽게 연결 된다.

책거리와 문자도가 융합된 〈문자도〉(도 8)가 있다. 기본은 초서체로 그린 효제충신예의염치의 유교문자 도이지만, 일부 획이 책갑의 쌓임으로 이루어져 있다. 19세기 후반에 나타난 제제의 조합 현상을 보여준 다. 애초에 책거리와 문자도는 찰떡궁합이라 문자도의 획 속에 자연스럽게 무르녹아 있는데, 감각적인 곡 선의 흐름과 직선의 짜임이 조화롭다. 이 문자도는 1889년 프랑스 인류학자 샤를르 바라가 밀양의 시장 에서 구입하여 지금 파리 기메동양박물관에 소장되어 있는 문자도와 유사한 양식을 보여주고 있어 경상 도 문자도로 추정되고 있다.[15]

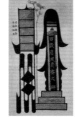

도 8. 〈문자도〉
19세기
8폭 병풍, 종이에 채색
각 62×32.5cm

제주도 문자도는 기본적으로 3단 구성을 취했다. 이는 제주도의 옛집처럼 폭풍과 같은 자연재해를 막기

---

14. 정병모, 「민화에 보이는 제제의 자유로운 조합」, 한국민화학회 편, 『민화, 어제와 오늘의 좌표』, 월간민화, 2016; 고연희, 「민화의 '조합' 기법에 대한 고찰 – 호림박물관 소장의 특이한 병풍을 중심으로」, 『한국민화』 13호, 한국민화학회, 2020, 116~137쪽.

15. 이상국, 「경상도 유교문자도 연구」 참조.

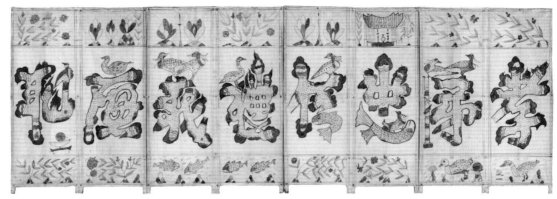

도 9. 〈제주문자도〉
19세기 말-20세기 초
8폭 병풍, 종이에 채색
각 94.5×34.5cm

위해 폐쇄적인 구조를 취한 제주도의 옛집을 연상케 하는 구성이다. 더욱이 문자의 획 안에 육지에서 유행한 도상을 없애고 바다를 담는 우주적 상상력을 펼쳤다.(도 9)

제제의 조합과 더불어 19세기 후반 민화에 거세게 분 유행은 장식화 경향이다. 모든 민화의 오메가는 화조장식이라고 할 만큼, 민화의 최종 장식은 꽃과 새로 꾸며졌다.[16] 이런 화조장식이 점점 늘어나면서, 급기야 문자도인지 화조도인지 분간하기 힘든 작품도 나타났다. 민화 문자도의 걸작으로 꼽히는 개인소장 〈문자도〉(도 10)는 조선시대 민화임에도 불구하고 현대의 일러스트레이션을 보는 것처럼 현대적인 미감이 풍부하다. 전서의 문자 안에 모란, 연꽃, 국화, 매화, 해당화 등 우리가 좋아하는 꽃들로 장식했다. 유교문자도의 이미지가 교조화되고 형식화되어 민중들이 식상할 즈음 산뜻한 화조화같은 문자도로 관심을 환기시킨 것이다.

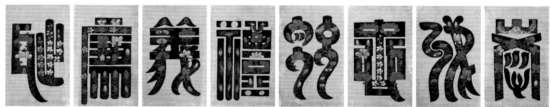

도 10. 〈문자도〉
19세기 후반
8폭 병풍, 종이에 채색
각 61×36cm

고사인물과 화조 패턴이 가득 그려진 문자도(도 11)가 있다. 첫눈에 직선과 곡선으로 이루어진 외형만 보아서는 학생들의 타이포그래피가 아닌가 생각될 정도로 현대적이다. 하지만 그 세부를 들여다보면, 19세기 민화에서 볼 수 있는 장식적인 패턴과 자유롭고 질박한 표현의 인물화로 가득 차 있다. 더욱이 초기 문자도에 나오는 작은 원안에 글자 하나씩을 넣어 제목을 표기하는 형식까지 보여 매우 전통적임을 알 수 있다. 신(信)자를 보면, 1획과 2획의 인亻방변에는 장식적인 구름이 따르는 황룡과 청룡이 짝을 이루어 바다에서 솟구쳐 오르고 있다. 3획과 4획은 서왕모의 메신저 역할을 하는 청조가 입에 편지를 물고 궁전 위를 날고 있는 모습이고, 짝을 짓고 있다. 나머지 획에서는 잉어가 짝을 이루고 있고, 그 사이에 상산사호(商山四皓)의 장면이 그려져 있다. 치(恥)자도는 직선과 곡선이 조화를 이루고 있다. 상단에는 장식적인 구름과 학이 배치되어 있고, 오른쪽에는 패턴화된 모란꽃을 베풀었으며, 왼쪽 획에는 산수인물을 표현했

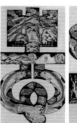

도 11. 〈문자도〉
19세기 말-20세기 초
8폭 병풍, 종이에 채색
각 64×34cm

16. 정병모, 「꽃의 판타지, 민화 꽃그림 연구」, 『한국민화』 13호, 한국민화학회, 2020, 222~245쪽.

다. 문자 안의 소재들은 짝을 중시하고 장식성과 설화성을 갖췄다. 외형은 기하학적이고 형식적이지만, 내부의 표현은 자유롭고 질박한 민화적인 매력이 물씬 풍기는 작품이다.

문자도인지 화조도인지 구분하기 힘들 정도로 화사하게 표현된 문자도(도 12)이다. 책거리와 화조화와 문자도의 세 장르가 어우러진 작품이다. 밝고 화려한 장식화 서정적인 이미지로 표현되어 저절로 흥얼흥얼 콧노래가 나올 만하다. 원래 문자도가 유교 이념을 전달하는 것이 목적이지만, 이쯤 되면 문자도의 본래 목적은 희석되고 유독 사랑스러운 이미지의 표현에 주력한 것이다.

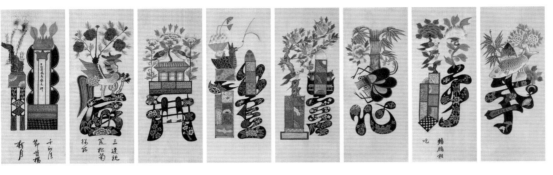

도 12. 〈문자도〉
19세기 중반
8폭 병풍. 종이에 채색
각 90.2×34.2cm

전라도 문자도로 알려진 작품도 민화 특유의 소박한 이미지로 되어 있지만, 이 역시 장식적 성향이 뚜렷하다.(도 13) 이 문자도는 1988년 동산방화랑에서 열린 《민화 문자도》 전시회에 출품되어 '민화의 참맛'을 보여주는 작품으로 주목을 받았다. 당시 도판 설명에서 잉어답지 않은 잉어, 용답지 않은 용이라는 표현처럼, 민화적인 캐릭터가 풍부하다. 이밖에도 동화적인 분위기의 할미새들, 특이한 모양의 새우, 신구와 어우러진 봉황, 포도를 따먹는 사슴, 게, 달 속의 옥토끼 등 동물의 표현이 재미있고, 손가락 모양의 대나무, 옆으로 뉘어져 표현된 달과 매화, 부채모양의 모란, 사선 방향으로 뻗은 복숭아나무 등 매력적이다. 구성과 표현이 자유로운데다 이미지도 해학적이고, 문자 안의 별자리나 꽃과 같은 장식도 감각적이다. 유쾌, 통쾌, 상쾌의 미감을 보여주는 이 문자도는 각 문자에 담긴 도상이 무엇이냐를 따지기에 앞서 이미지 자체가 보는 이의 마음을 즐겁게 해주는 작품이다. 전라도에서 제작된 것으로 알려진 문자도이다.

도 13. 〈문자도〉
19세기 말-20세기 초
8폭 병풍. 종이에 채색
각 54×35cm

조선시대에 특화된 민화인 유교문자도는 유교를 생활화하려는 목적으로 제작되었지만 유교를 대표하는 미술이면서 백성들이 향유하는 미술로 확산되었다. 애초에 교화적인 목적으로 제작된 문자도이지만 점차 생활과 밀착되면서 각 지역의 토속적인 미감이 우러나왔고, 유교 이념의 정수(精髓)를 상징화한 문자도가 집안을 장식적으로 치장하는 이미지로 탈바꿈했다. 이러한 변모양상은 문자도가 한국적인 서예이자 그림으로서 자리 잡아가는 과정을 살펴볼 수 있다. 그런 점에서 문자도는 조선시대 생활미술을 대표하는 이미지라 할 수 있다.

문자로 들여다보는 작은 세상은 만화경처럼 천변만화의 세계가 펼쳐져 있다. 특히 중앙에서 지방으로 문자도가 확산하면서 단순히 문자의 창을 통해 내다보는 구심적인 세계가 아니라 다른 제제와의 조합을 꾀하는 원심적인 이미지로 놀라운 변신을 하게 된다. 민화 문자도에서는 제제의 조합을 통한 이미지 세계의 확산을 모색했다.

5. 현대 문자도가 나아가야 할 길

문자도는 국제적인 예술이다. 오늘날 젊은이들 사이에 폭발적인 인기를 끌고 있는 그라피티(Graffiti)는 현대판 미국식 문자도다. 1960년대 후반 미국 뉴욕 브롱크스에서 흑인 젊은이들이 인적이 드문 한밤중에 페인트 깡통을 들고 아무 벽에서 인종차별과 같은 사회적 불만을 문자로 풀어놓았다. 지금은 이러한 길거리 벽화는 공식화되어 박물관 미술로 격상했을 뿐만 아니라 장 미셸 바스키아(Jean-Michel Basquiat, 1960-1988)같은 세계적인 예술가도 배출했다. 이는 현대 문자도가 나아가야 할 방향을 시사한다. 그라피티가 뜨거운 반응을 일으켰던 이유는 돌발적인 이미지와 더불어 그 이미지에 담긴 메시지에 대한 신선한 공감 때문이다. 조선시대 유교문자도는 조정에서 의식적으로 유행시킨 것이지만, 이 역시 유교의 메시지를 담고 있고 그것이 공감을 이뤘기 때문에 전국적으로 확산된 것이다. 현대인의 공감을 얻을 수 있는 메시지에 대한 전략이 필요하다.

문자도는 애초에 그 문자가 가진 주술적인 영험에서 비롯된 그림이다. 이것은 현대의 문자도에서도 유효한 기능이다. 문자도가 단순한 구성과 아름다운 장식에만 머문다면, 공감을 얻기 어려울 것이다. 그것이 가진 원초적인 기능에 충실할 때, 파급효과가 큰 것이다. 19세기 후반 조선시대 문자도의 놀라운 성과도 근본적으로 유교 덕목의 메시지가 바탕이 되었기에 가능했다. 다양한 표현방식이 가능한 현대 미술이지만, 그 표피적인 표현에만 사로잡혀 원래의 기능에 소홀히 하는 우를 범해서는 안 될 것이다.

조선시대에 발달한 독특한 유교문자도는 우리의 소중한 자산이다. 그것은 조선시대가 낳은 조선적인 예술이다. 조선이 어떠한 유교 국가인지, 문자가 조선 사회에서 어떤 역할을 했는지를 상징적으로 보여준다. 이러한 문자도의 유산은 단순히 옛 그림으로만 치부할 것이 아니라 현대에 어떻게 계승하여 미국의 그라피티 못지않은 현대의 문자도로 발전시킬 것인지를 고민해야 할 것이다.

조선시대 유교문자도의 의미 있는 가치는 구조적 짜임과 자유로운 상상력에 있다. 이우환이 지적했듯이, 표현의 자기완결성보다 구조적 짜임에 더 많은 관심과 창의적 성취를 이뤘다. 문자의 틀 안에 도상을 넣는 형식에서 과감하게 벗어나 자유롭게 기호화하고 상징화했고, 문자도에 책거리와 화조화를 아름답게 조합했으며, 현실세계와 이상세계를 간단하게 연계시키는 상상력을 보여줬다. 조선시대 유교문자도에 펼쳐진 보석 같은 예술세계를 넘어서 다시 관심과 사랑을 받는 현대의 문자도가 재탄생하기를 기대한다.

문자도 文字圖,
직관적 꾸밈과 솔직한 눈맛의 만남

안현정 ┃ 미술평론가, 예술철학박사

현대화랑은 조선시대 민화의 다채로운 아름다움을 담은 《민화, 현대를 만나다》(2018.7.4.-8.19)로 전문가와 대중 모두에게 신선한 호응을 얻어내 '민화의 미술사적 위상'을 높이는데 기여한 바 있다. 이에 후속 전시로, 문자도의 어제와 오늘을 밝히는 《문자도, 현대를 만나다》(9.14-10.31)를 통해 시·공간을 아우른 직관적 묘미와 뛰어난 조형감각을 발견하고자 한다. 전시는 조선민화의 수작들을 소개하는 '문자도의 어제'와 박방영·손동현·신제현의 현대미술가가 제안하는 '문자도의 오늘'을 한자리에 펼쳐놓는다. 한국회화사에서 주류로 인정받지 못한 문자도가 창의적인 현대 미술가들의 작품과 만나 어떻게 독창적인 가치로 변화되는가를 실험하는 하나의 계기라고 할 수 있다. 사방으로 뻗어나가는 유쾌한 문자그림들은 탁월한 솜씨와 고졸한 미감을 넘나들면서 그린 이의 개성과 삶의 방식들을 꾸밈없이 보여준다.

민화는 근대미술의 페이지를 가치 있게 만든다. 이 빼어난 그림들이 한동안 인정받지 못한 이유는 이름 없는 무명화가들의 그림이라는 편견 때문이다. 그린이의 상상력에 따라 신출귀몰하고 불가사의한 표현이 가득한 민화 속에는 자연의 본성을 담아낸 당대 사람들의 삶이 고스란히 반영돼 있다. 그 가운데 문자도는 전형적 스토리텔링을 구사한 것(prototype)에서 대상을 생략하거나 과장한 것에 이르기까지 상상력의 시작과 끝을 가늠할 수 없을 만큼 표현이 풍부하다.

도 1. 〈백수백복도〉
장인선, 1894년
10폭 병풍, 종이에 채색
각 90.5×31.5cm

현대화랑이 오랜 기간 눈여겨 수집·대여한 문자도들은 어느 한 지점을 콕 집어 확대해보아도 '유쾌한 눈맛'을 해치지 않는다. 이름 모를 무명의 작가가 그린 고루한 솜씨로만 치부하기엔 문자도의 감성이 시대를 가로질러 신선하게 다가오는 탓이다. 이번 전시는 문자도를 개념적으로 이해하던 방식을 탈피하여, 눈의 직관에 따라 근대미술의 독특한 미감을 보여주는 창의적 스타일을 강조한다. 갑오춘서(甲午春書)라는 1894년의 제작시기가 분명한 백수백복도(白壽百福圖)(도 1)에서 시작하여 민화문자도의 백미를 보여주는 모던한 감각의 화조문자도, 어린아이의 익살맞은 낙서 같은 제주문자도 등에 이르기까지 형태와 재미에 있어 타의 추종을 불허하는 신비하고 독특한 '개성미'를 제시하고자 한다.

Ⅰ. 문자도의 어제, 근대미술의 가치 있는 페이지

민화는 신분과 관계없이 인간본래의 욕구를 표현한 상징그림이다. 조선민화에 대한 각별한 애정을 품었던 민예운동가 야나기 무네요시(柳宗悅, 1889-1961)는 '민화(民畵)'를 명명하면서 조선의 그림 속에서 진정성과 사랑을 일깨워야 함을 언급했다. 민화에는 사람과 사람 사이의 평등한 관계를 드러낸 인(仁)의 가치가 담겨 있어, 품평기준으로 계층을 삼던 전근대 사회와는 전혀 다른 미감을 보여준다. 민화를 현대적으로 재해석한 운보 김기창(雲甫 金基昶, 1913-2001)이 본인의 작품에서 '바보'라는 말을 쓴 것 역시 이와 연결된다. 전시에 소개된 문자도들은 무명성 속에서 도화서 화원(자비령 화원이 궁궐에서 나와 일반화가로 활동한 경우)이나 지방화공들이 뒤섞여 그린만큼 솜씨의 편차가 있었음에도 불구하고, 보편적 희망을 이끌었음을 보여준다. 신분과 계층을 초월한 민화의 대량공급과 누구나 쉽게 그릴 수 있는 밑그림을 통한 반복적 유형화(類型化) 속에서도 시대변화의 바람을 담은 민화는 개인이 욕망하는 기호에 따라 각기 다른 세계를 펼쳐낼 수 있었다. 말 그대로 화법에 구애받지 않는 고유양식을 드러냄으로써 오늘날까지 이어지는 대중적 행보를 걷게 된 것이다.

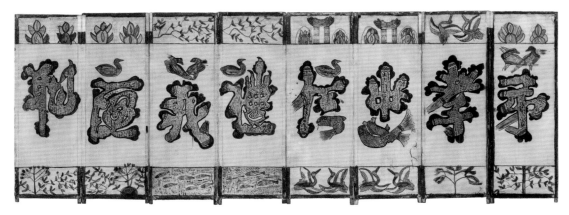

도 2. 〈제주문자도〉
20세기 전반
8폭 병풍. 종이에 채색
각 107×37cm

이번에 소개되는 문자도는 대부분 병풍형식을 따른다. 한자를 활용한 동아시아 문자도 가운데, 효제충신 예의염치 8자로 유교덕목을 그린 독특한 문자도는 민간 방방곡곡에 독특한 세계관을 드러내며 성행하였다. 양반문화를 상징하는 병풍의 유행은 계층시대로의 회귀가 아니라 문화자본의 평등화를 의미한다. 1960년대까지 꾸준히 제작된 제주문자도의(도 2) 경우, 실제 '바다+섬+하늘'을 연결하는 듯한 2단 혹은 3단 형식의 해학적인 양식으로 보편화되었다. 문자도의 지역별 유행에 대해 정병모 교수는 "문자도는 유교문화가 발달한 서울, 강원도(강릉을 중심으로 삼척, 동해), 경상도(안동을 중심으로 춘양, 영주, 봉화) 등에서 성행했는데, 무속신앙이 강한 제주에 유교문화가 뿌리내리면서 문자도 병풍이 유행했다."고 밝혔다. 그 특징으로 화면을 2단·3단의 수평선으로 나누어 문자를 배치하고, 상단과 하단에는 제주도의 자연을 반영한 건물과 기물을 그리고, 비백서(飛白書; 필획이 생동하며 필세가 나부끼듯 쓰인 글씨)를 단청의 휘(輝)로 장식하거나 획 자체가 새나 물고기의 형상을 띤 문자를 제작했다.

민화에서 유교문자도가 큰 비중을 차지하는 이유는 여덟 자의 도식화된 의미내용이 일상미학과 맞닿았기 때문이다. 1970년대부터 본격화된 초기 민화연구자들(조자용·이우환 등)의 노력은 1980년대 민중미술·민족운동의 부흥과 함께 가시화되어 "민화야 말로 본연의 우리그림"이라는 인식을 심어주게 되었다. 민화는 우리민족의 마음을 담은 누구나 즐길 수 있고 그냥 보면 이해되는 격식 없는 사랑을 표현한 진솔한 그림인 것이다.

유교문자도의 상징체계와 도상해석

바야흐로 21세기는 문자 홍수의 시대이다. 다양성의 시대, 우리는 문자도를 통해 무엇을 배워야하는가? 문자도는 여덟 글자에 그 의미와 관련된 이야기나 대표적인 상징물을 그려 넣어 수복강녕(壽福康寧)의 의미를 새겨 넣은 교훈그림이다. '민화 속 문자도'는 한자를 소재로 한 효제도(孝悌圖)가 다수를 차지했다. 유교에서 말하는, 사람이 마땅히 지켜야 할 도리를 효(孝)·제(悌)·충(忠)·신(信)·예(禮)·의(義)·염(廉)·치(恥) 여덟 글자에 담아, "효도, 형제와 이웃 간의 우애, 충성, 신의, 예절, 의리, 청렴, 부끄러움을 아는 삼강오륜의 요체"를 장식과 부귀, 길상, 벽사적 성격에 맞게 제작한 것이다. 문자도는 조선 말기부터 근현대에 이르기까지 서민들 사이에서 인기를 끈 대중적 그림이었다. 말 그대로 '효제충신예의염치'는 그 형상성만으로도 쉽게 이해되는 반추상적 상징성을 지닌다. 이른바, 유교문자도(儒敎文字圖)는 '수신제가치국평천하(修身齊家治國平天下)'의 이상을 실현하기 위해 측은(測隱)·수오(羞惡)·사양(辭讓)·시비(是非)의 사단지심(四端之心)을 그림으로 표현해 현실행동의 근본으로 삼은 것이다. 지배층에게는 교화의 대중적 확산을, 서민층에게는 신분질서가 뒤섞인 조선말기 이후의 이상적 세계관을 담았던 것이다.

갑오춘서라 명명된 백수백복도를 이번 전시의 시작으로 삼은 것도 문자도의 유행과 시기를 가늠하기 위함이다. 교화목적의 옛 이야기가 획과 어우러진 문자그림들은 세종 13년(1431) 왕명에 의해 편찬된 '삼강행실도(三綱行實)'와 유교의 전유물인 '시경(詩經)' 속 소재들의 세련된 승화이자, 누구나 지켜야 했던 당대의 규율양식을 보여준다. 민화가 대중화되고 서민들의 생활화로 기능하면서 그림 속 상징들은 소재가 생략되거나 감상자가 선호하는 대상들로 재해석 되었다. 아이러니하게도 민화문자도의 다양한 표현들은 독특한 시대양식으로 읽히기보다 '비주류 미술사'로 폄하돼 온 것이 사실이다. 이류나 삼류로 취급받던 민화를 '독창적 개성미'로 읽어야 하는 까닭은 자아의 발견이라는 근대성의 한 측면을 다시금 되새겨야하기 때문이다. 최근 픽토그램과 문자의 조형성에 관한 전 세계적 유행은 이미 100여 년 전 형성된 민화문자도의 상상력에서 미리 이루어졌음을 간과해선 안 될 것이다.

도 3. 〈문자도〉
19세기 중반
8폭 병풍, 종이에 채색
각 90.2×34.2cm

여덟 가지 덕목을 지닌 효제충신예의염치의 재밌는 도상을 간단하게 풀어보면, '오륜행실도'가 강조해온 절대적 윤리인 효(孝)(도 3)가 가장 앞에 나온다. 잉어·죽순·부채·금(琴) 등이 상징물로 그려지는데, 효자와 연계된 옛 이야기들이 상징 문자의 획을 구성한다. 물고기 가운데 잉어도상은 출세의 염원을 상징하는데, 이는 등용문(登龍門)이라 하여 힘든 고초를 겪으며 학문에 매진하는 선비들이 관직에 오르는 상황에 빗댄 것이다. 주로 연적 같은 문방구류에도 사용되지만, 문자도에서는 오륜행실도에 나오는 '왕상부빙(王祥剖氷)' 설화의 내용을 따른다. 어머니가 생선을 먹고 싶어 하자 추운 겨울 얼음을 깨뜨려 고기를 잡은 설화에 빗된 것이다. 죽순 역시 병든 어머니를 위해 한겨울에 죽순을 찾아 치료한 맹종(孟宗) 설화와 관계가 있다. 부채와 금 또한 효를 기물에 빗댄 설화들과 연관된다.

두 번째로 나오는 제(悌)는 형제간이나 장유(長幼) 사이의 우애를 상징한다. "뒷산의 울긋
불긋 아가위 꽃이 피었다네 / 세상에 여러 사람 있어도 형제지간 같은 관계는 없지.(常棣之
華 鄂不韡韡, 凡今之人 莫如兄弟) … 할미새가 무색할 만큼 형제가 서로 가까이 돕네(脊令在
原 兄弟急難)" 이 시는 시경 '소아(小雅)' 편에 나오는 형제간의 도리를 뜻하며, 할미새는 이
를 상징적으로 나타낸다. 두 마리의 할미새가 서로 먹이를 양보하는 듯한 도상은 이와 연관
됐을 것이다. 함께 등장하는 몸체 하나에 세 개의 발이 달린 병(瓶)은 평(平)과 동음동성(同
音同聲)으로 읽기 때문에 삼위일체의 완성으로 이어진다. 형제의 마음을 꽃병도상에 담은
것이다.

세 번째 글자인 충(忠)은 자기 성찰과 최선을 뜻한다. 충(忠)은 중(中)과 심(心)을 합한 글자
인 만큼, 진정성 있는 마음을 강조한다. 충 그림은 주희가 언급한 "최선을 다 함(盡己之謂
忠)"이라는 충절와 화합을 상징하며, 이를 대나무·용·잉어·대합·새우 도상에 빗대 보여
준다. '새우하(鰕)'는 발음이 화(和)와 유사하고, '대합합(蛤)'은 발음이 합(合)과 같기 때문
에 빈번하게 선택되는 화제(畵題)였다. 개념의 시각화를 위해 대상의 발음과 유사한 명칭의
대체물을 빌려서 그리는 경우는 민화에서는 무척 흔하다.

넷째 글자인 신(信)에는 서왕모의 청조(靑鳥)와 백년해로(百年偕老)의 상징인 기러기 등 등
장한다. 신들의 정령인 이들은 천상과 지상을 매개하는 존재이자 하늘을 자유롭게 날아다
니는 시경의 상송(商頌)편 '현조(玄鳥)'에서 유래한다. 이들은 상서로운 일을 전달하는 신뢰
를 주는 존재이다. '산해경(山海經)'에 등장하는 청조 역시 이에 해당하는데, "대려(大鵹)·
소려(小鵹)·청조인 삼청조(三靑鳥) 가운데 청조가 유일하게 서왕모 만의 음식을 구하는 새"
라고 기록돼 있다. 문자도에 등장하는 청조도상은 사람의 머리에 새의 몸을 한 인수조신상
(人首鳥身像)의 모습을 하고 있는데, 극락정토를 드나드는 이 새는 덕흥리 고구려 벽화고분
등에서도 발견된다.

다섯 째 글자 예(禮)는 절도를 상징하는 신령스러운 거북이로 묘사된다. 천년 이상을 사는
거북이의 입에서 상서로운 징후가 뿜어 나오는데, 상서(尙書)의 홍범편(洪範篇)을 해설한
홍범오행전(洪範五行傳)은 "거북은 오래 사는 동물로 천 년을 살아 신령스럽다. 따라서 거
북은 동물이면서 길흉을 안다(龜之言久也, 千歲而靈比禽獸而之吉凶也)"라 적어 예로 승화
된 예술이 삼덕(三德)의 근원이라고 소개한다. 그밖에 호로(葫蘆)는 선약(仙藥)의 상징물로
병을 치료해준다는 믿음과 연계된다. 공자(孔子)는 '논어(論語)'에서 "예가 아니면 보지 말
고, 듣지 말고, 말하지 말고, 행동하지 말라(非禮勿視 非禮勿聽 非禮勿言 非禮勿動)."고 했
다. 결국 예는 사람이 행해야할 기본 도리에 관한 설명인 것이다.

여섯 째 글자인 의(義)는 수많은 변화에 대처하고 바로 서는 마땅함을 상징한다. 도상으로
는 상서로운 징후를 상징하는 징경이(물수리)·연꽃·복숭아나무가 등장하는데, 꽃과 가지의
조화가 글자와 더불어 정갈하게 묘사된다. 복숭아 도상은 문자 안에 그려진 경우가 많으며,
꽃과 가지의 상호 배합이 잘 어우러져 흐트러지지 않은 균등함을 보여준다. 이와 연계된 유
명한 고사는 '삼국지(三國志)'의 유비·관우·장비의 도원결의(桃園結義)로, 의리의 상징을
복숭아나무에 비유한 것이다.

일곱 번째 글자인 염(廉)은 청렴하고 깨끗한 마음을 상징한다. 청렴의 상징인 봉황은 정면이 아닌 옆모습이 강조된 경우가 많다. 날카로운 발톱이 염(廉)자를 살며시 누르면서 화려한 깃털과 더불어 미감을 해치지 않는 조형성을 강조한다. '산해경'에는 "봉황은 혈(丹穴: 태양을 마주한 골짜기)에서 태어난다.(鳳凰生於南極之丹穴)."고 묘사하고 있어 대운의 징조로 여겨진다. 이어서 "봉황은 닭처럼 생겼지만 아름다운 오색 털을 지녔고, 머리문양은 (首文)는 덕(德)을, 날개문양(翼文)은 의(義)를, 등문양(背文)은 예(禮)를, 가슴문양(膺文)은 인(仁)을, 배문양(腹文)은 신(信)의 모습을 하고 있다. 길조와 사랑의 상징이므로 인간세상에 나타나면 세상이 평안해진다."고 적고 있다.

마지막 글자인 치(恥)는 부끄러움을 아는 마음이다. 耳+心로 구성된 글씨 안에 비석 같은 충절비와 '백세청풍 이제지비(百世淸風 夷齊之碑)'혹은 '천추청절 수양매월(千秋淸節 首陽梅月)'라는 글자가 자유롭게 적혀 있다. 매화꽃과 달은 모두 백이숙제의 이야기에서 유래한다. 백이와 숙제는 자신들보다 나라와 백성들의 평안을 중시 여긴 인물들로, 나라와 백성을 먼저 생각하는 청렴을 상징한다. 우리는 종종 "체면을 차릴 줄 모르거나 예의가 없다"는 뜻으로 문자도의 마지막 두자를 합쳐 '염치없다'고 표현한다. 이렇듯 자신을 바로 세우고 천하가 태평해지기를 우회적으로 바라는 거울[鑑誡]과 같은 바람들은 개성어린 문자도 속에서 시공을 가로질러 우리 앞에 자리한다.

문자도의 확장된 스타일, 세련된 개방성

창작자의 개성이 강조되면서 문자도는 부귀영화, 만수무강, 풍요와 길상 등을 표현한 다양한 동·식물들이 적극적으로 배치된다. 글자 자체 혹은 자획 내부에 그림을 새겨 넣는데, 이는 서화일치(書畵一致, 書畵同原) 개념의 영향이다. 정자체인 해서체를 기본으로 쓰고 기원 문자처럼 한자를 파자(破字)하여 쓰는가하면, 자획의 특정 부분에 글자가 상징하는 고사나 설화의 내용을 배치하기도 한다. 단정하면서도 정형화된 형식의 유교문자도는 시간이 흐를수록 학문적 소양이나 관념적 규칙보다는 서민들의 정서와 미의식이 반영된 개성 넘치는 도상들로 채워지게 된다. 채색은 음양오행에 근거한 오방색을 기준으로 삼되 각 지역에 따라 독특한 색채미감을 드러낸다.

일제강점기 이후에는 실생활에 쓰이는 실용적 홍보성과 판화형식의 인쇄술까지 도입하여 대량생산 방식과 결합했으며, 이는 다른 전통회화들이 서구화된 감각에 적응하지 못한 채 구시대의 유물로 전락한 것과 대조적이다. 민화문자도는(도 4) 포스터·심벌·로고·마크·패키지 등의 무명(無名) 디자인들이 대중들의 미감을 자극하듯이, 산업화·도시화에 따른 모던한 근대감각과 잘 맞아떨어지는 '세련된 개방성'을 지닌다. 문자도는 다른 아시아 국가들(중국, 일본, 베트남 등)과 비교해보아도 문자의 자획이 상당히 독특해 세계 어디에서도 그 유래를 찾을 수 없다.

도 4. 〈문자도〉
19세기 후반
8폭 병풍, 종이에 채색
각 61×36cm

초기 문자도가 농묵(濃墨)의 해서체에 뜻을 강조한 도상을 정직하게 그렸음에도, 후기로 갈수록 생략과 변형에 있어 개방적 면모를 갖춘 것은 '융합의 가능성'을 내포했기 때문이다. 수묵의 필획에 추상적인 상형성을 새겨 넣은 운보 김기창의 문자그림, 자연과 결합된 독특한 필력을 제시한 고암 이응로(顧菴 李應魯, 1904-1989)의 문자추상 등은 상형문자로부터 시작한 민화문자도의 변주에 해당될 것이다. 예를 들어, 복(福)을 주제로 한 글자에 토끼가 방아를 찧어 불사(不死)의 약을 만드는 설정은 약탕기가 한자로 '복'자가 되기에 무병장수를 향한 하나의 상상그림이 되는 것이다.

문자와 상징물을 결합해 회화성과 조형성을 동시에 추구한 민화문자도는 이름 없는 화가의 결과물이 아닌, 근대 한국미술이 빚어낸 '집단창작의 결과'로 이해해야 한다. 그림과 문자의 시각화는 효과적인 커뮤니케이션 방식인 동시에 다분히 크리에이티브한 시도라고 할 수 있다. 서구적 관점에서 풀자면, 민화문자도는 초현실주의와 표현주의를 반영한 개념미술의 선구자인 셈이다.

Ⅱ. 문자도의 오늘, 번역한 전통의 새로운 미감

오늘날 '근대적 자의식의 집단 창작'인 민화의 영향력은 가히 폭발적일 수밖에 없다. 현대적 대중성과 연계된 고구려 고분벽화·분청사기·백자를 잇는 한국미술의 대표 장르인 민화는 수량과 표현에 있어 타의 추종을 불허하기에 그 해석가능성은 무궁무진하다. 그 가운데 민화문자도는 새로운 해석과 독특한 영감을 불어넣는 불가사의한 매력을 지녔다. 특히 일제강점기 이후 '민족미술건설'을 위한 다양한 고민 속에서 많은 선구적 미술가들에게 영감을 주었는데, 서구미술의 형식과 결합했을 때 과거의 정신을 오늘에 맞게 살려낸 '전통의 현대화'에 바람직한 명분을 제시하기 때문이다. 이질적인 혹은 낯선 것들의 공유는 '묘한 사유의 이중변주'를 낳음으로써 전통에 대한 관심을 증가시키고 서구화된 현대미술의 빈 공백을 메워주는 역할을 한다. 그런 의미에서 민화문자도는 글자와 형상, 문학과 미술의 결합이라는 측면에서 전혀 다른 가치의 융합이라는 여러 가능성을 시사한다.

앞서 언급한 김기창과 이응로 외에도 내고 박생광(乃古 朴生光, 1904-1985)은 지역성과 정체성의 시선을 드러내면서 민화와 채색화의 새로운 가능성을 낳았다. 작품이 역사적인 소재나 무속(巫俗), 불교 등의 전통 주제에 강한 원색을 사용했음에도, 전체적으로 품위 있는 발색을 보이는 이유는 '묵화와 채색의 결합'을 통한 민화의 진솔한 매력을 반영했기 때문은 아닐까. 이렇듯 민화와 연계된 조형실험들은 한국미술사가 민화를 홀대한 것과 대조적으로, 최근까지 새로운 미감 창출에 크게 기여한다. 바야흐로 민화는 우스꽝스러운 서민들의 지역그림이라는 외적 오류를 떼어내고 '근대 우리미술의 문화원형'이라는 텍스트로 읽혀야 한다. 이른바 소통·해석·다각화 등 메타비평(meta criticism)의 영역에서 현대작가들과의 접점을 본격적으로 언급해야 만이 민화가 '한국미술사의 가치 있는 페이지'로 거듭날 것이다.

야나기는 조선민화의 독특하고 불가사의한 아름다움에 대해 언급하면서, 조선자기에 이미 민화적 요소, 이른바 민예(民藝)가 배태돼 있음을 설명한 바 있다. 야나기의 한국예술론을 민예라고 명명할 때, 빠진 것이 있다면 바로 "개성적·천재적·기교적"이라는 서구 미술개념의 부재일 것이다. 일본 관학자로서의 식민사관과 한국미술을 향한 따스한 마음을 결합해보더라도, 야나기의 시선은 이미 100여 년 전의 이야기가 되었다. 한국미술의 국제화를 향한 행보와 민화가 결합한다면, 한국예술의 민예성이 현대미술가의 개성과 만난다면, 새로운 한국미의 가능성은 무궁무진하게 열릴 것이다. 민화의 소재에서 오는 해학성과 자유로움은 오늘날 '현대민화' 파트에서 창작과 모방의 경계라는 아이러니를 넘나든다. 이에 출품 작가들은 민화의 차용으로 이루어진 모방단계를 뛰어넘어, 형식(소재주의)이 아닌 '창작과정 그 자체의 미학적 의미'를 되새기는 질문들에 관심을 기울인다. 여기 전통의 시선을 바탕삼아 문자도의 창의적 실험을 모색한 3인 3색의 현대 작가들을 소개한다.

박방영, 형상과 문자의 인간미 넘치는 조화

일필휘지의 붓놀림 위에 생성된 활력 넘치는 그림문자들, 하나같이 민화문자도의 정서와 닮았다. 그림과 혼용된 글씨는 흥을 내재한 탓에 누구나 접근이 어렵지 않다. 쓱쓱 선을 긋듯 그려내려 간 솜씨 사이로 즐기면서 어우러진 '소요유(逍遙遊)'가 담겨 있다. 자유분방하면서도 세속적이지 않은, 자연과 닮아 있으면서도 인위적이지 않은 '무기교의 형상'을 좇아가다 보면 어느 새 작품 속 주인공이 되어 누가 창작했는지 알 수 없는 묘한 기분에 사로잡힌다. 석도의 일획론(一劃論)과도 잘 맞아떨어지는 작가정신은 남종문인화의 시선에 영향을 받은 '효제충신예의염치'의 자유로운 해석과도 연결돼 있다. 전북 부안에서 나고 자라 청소년기까지 자연을 벗 삼았던 작가는 고등학교 때는 전국서예 대전에서 최고상을 받을 만큼 직관적 서화(書畫) 표현에 능했다. 그래선지 타고난 필치 위에 추상을 얹어낸 세련된 필치로 초현실주의자들의 자동기술법(Automatism)과 개념미술가들의 언어표현을 동시에 구사한 듯 작품의 무게를 가볍게 만든다. 상형문자로 그려낸 그림일기처럼, 일상에 녹여낸 그래피티의 선구자같은 시선으로 그림과 글씨 위에 '자연을 향한 그리움'을 그린다. 실제로 작가는 "그리다는 그리워하는 마음"이라고 평한다. "그리다. 꿈을 그리다. 희망을 그리워하다."처럼 그리워한다는 말 자체가 에너지를 가져온다는 것이다. 목표를 성취하고자 하는 바람을 담은 문자그림은 인간의 욕망을 가시화시킨 민화문자도와 감정의 절실함이 담았다는 점에서 상통하는 지점이 있다.

도 5. 〈소락(笑樂)〉
2021, 장지에 혼합재료
140×73cm

도 6. 〈효제충신예의염치〉
2021, 장지에 혼합재료
130×410cm

이번에 출품된 작품 역시 민화의 언어유희를 반영한다. 〈본향(本鄉)〉은 어릴 적 살았던 즐거움의 고향 이야기를 상형그림과 문자로 그린 작품으로, 하늘과 땅, 정자와 꽃피는 산동네, 말과 개와 함께 놀던 곳을 담았다. 시인 신석정과 매창(梅窓)의 고장이자 문학이 발달한 곳, 산들에서 뛰어놀던 마냥 즐거웠던 '락락(樂樂)' 고향의 아름드리 추억을 필획으로 새겼다. 앞선 작품의 연장선생에 있는 〈소락(笑樂)〉(도 5)은 나무와 산언덕, 밭과 호수가 있던 정자 위에서 놀던 자연 속 동심을 그렸다. 〈효제충신예의염치〉(도 6)는 우리가 만난 동식물과 인간관계의 정초를 '하늘의 연[天緣]'으로 해석한 상형그림이다. 모든 만물들이 인연에 의해 만나지듯, 기운생동한 큰 붓의 필획으로 대나무처럼 연결되고 실처럼 이어진 통하는 마음사이의 관계를 작가가 고안해낸 상형문자로 표현했다. 함축적 메시지와 담대한 유머를 표출한 박방영의 자유분방한 활력은 원초적 자연미를 끌어내는 민화문자도의 어제를 오늘로 이어지고 있다.

손동현, 그리기와 쓰기의 경계 허물기

"그리기와 쓰기, 그림과 문자, 수묵과 채색, 먹과 잉크, 의미와 형태." 작가가 제시한 이 간단한 행간 사이로 전통과 현대를 아우르는 다양한 품평(品評) 기준들이 오간다. 이번에 출품한 'I.O.P(Ink on Paper)' 연작들은 전통회화에서 사용하는 먹의 영문표현인 'Ink'의 다중적 의미가 실제 재료로 전환된 것이다. 작가는 전통회화의 재료인 먹을 시각적으로 구분하기 어려운 캘리그래피 잉크와 아크릴릭 잉크로 대체시킴으로써, 보이는 시선 뒤에 감추어진 창작의 어제와 오늘을 인물화라는 텍스트로 녹여낸다. 먹과 잉크를 한 화면에서 함께 사용한다는 것은 '동시대성' 속에서 전통과 현대의 맥락을 공존시킨다는 뜻이다. 손동현은 '형상의 기호화(혹은 기호의 형상화)'를 추구해온 한자문화권의 종합적 맥락을 드러내면서도 현대작가가 추구해온 형식실험을 놓치지 않는다. 민화문자도가 의미내용으로부터 추출된 구상회화라면, 작가의 인물기호들은 의미를 거세한 추상적 기법회화라고 볼 수 있다.

 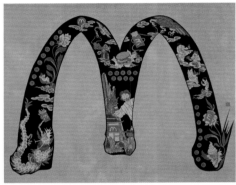

도. 7 〈Scarlet Crimson〉
2019-2020
종이에 먹, 잉크, 아크릴릭 잉크
130×194cm

도. 8 〈Logotype-McDonald's〉
2006, 지본수묵채색
130×160cm

작가는 제작과정 자체를 하나의 작품으로 본다. 완결된 그림에 초점을 맞추기보다 '문자와 그림 사이'에 놓인 '전통문화 읽기'를 통해 '오늘-여기'의 창작방법을 거꾸로 보여주는 것이다. 대형작업 〈Scarlet Crimson〉은(도 7) 2006년부터 작업했던 'NIKE/COCA-COLA/MCDONALD'S'(도 8) 같은 자본화된 문자의 외연화가 창작과정 자체로 내면화된 예이다. 동아시아의 '그리기와 글씨(그림과 문자)'가 한 몸(書畵同源)'이던 창작방식을 작품 자체의 문제의식으로 드러낸 것이다. 붉은 색을 뜻하는 한자 적(赤)·홍(紅)·단(丹)·주(朱)가 화면을 장악하지만, 재료는 캘리그래피 잉크들인 Scarlet과 Crimson을 먹과 혼용해 사용한다. '효제충신예의염치'의 전형성을 띠던 민화문자도가 시간의 흐름에 따라 창작자의 선택에 의해 단순화되듯, 작가는 초기 문자도 형식에서 벗어나 동시대 재료와 전통의 창작태도를 한 화면 안에 구성하는 경계 허물기를 시도한다. 작가는 이에 대해 "서예, 그래피티, 출판만화에서 사용하는 표현기법 등을 빌려와 붓으로 쓰거나, 칠하거나, 분무기로 안료를 뿜어서 말 그대로 '붉은 글씨/그림'을 만들어 보고자 한 결과물"이라며 "텍스트로 전환된 인물이나 글자의 내용은 전통시대의 해석만큼 중요하지 않다."고 말한다. '효제충신예의염치'가 문자도의 스타일이 되듯이 현대미술에서 표현된 소재들(인물, 산수, 문자도 등)은 새로운 조형실험을 위해 선택된 재료에 불과하다는 것이다. 작가는 먹과 잉크를 혼용해 선보임으로써 '동양과 서양/전통과 현대'를 창작자의 해석 속에서 종합시키는 과정 지향적 실험을 보여준다.

신제현, 창작에 관한 질문들 '新-문자풍경'

작가의 실험적 면모의 끝은 어디일까. 양귀비와 문신문화를 민화의 위계(位階)와 연계한 독특한 작품들, 신제현 작가는 현대미술계에서 '괴랄한 창작자'로 통한다. 신비롭고 독특한 지점의 창작이란 면에서 민화작가들의 상상력과 맞닿기도 하지만, 그 표현범주에 있어 다분히 확장적이다. 민화의 천진난만함과 아이 그림 같은 생명력은 복잡다단한 네트워크 세상의 유기적 관계성으로 전환된다. 이번에 출품한 작품의 원형은 전시의 대표작인 〈화조문자도〉(도 4)이다. 유려한 디자인과 세련된 양식 사이를 오간 천재 민화가의 작품을 병풍에서 떼어낸 '일종의 오마주 문자도'로 재해석한 것이다. 전통회화의 민화소재를 단순히 변형하는 방식에 지루함을 느낀 작가는 오방색을 비틀어 확장하거나 민화도상을 더욱 구체화한 이중 구성(액자의 안과 밖) 방식을 사용한다. 확산과 수축의 조형요소 속에서 전통과 현대의 유기적 관계성을 드러낸 작품들은 '영상작품의 아이러니' 속에서 더욱 모호해질 수밖에 없다. 새로운 변용 속에서 전통에 대한 메타비평조차 거부한 채, 과거와 현재를 마구 뒤섞어 버린 영상작품들은 "문자도를 21세기 미술재료로 전환했을 때, 어떤 질문과 맞닿을까?"라는 의문을 남긴다. 서구 현대미술이 가진 물신주의를 소재주의의 확장으로 드러낸 신작 〈문자경(文字景)-Text Scape〉과 3채널 영상은 글자와 정보과잉 시대를 살고 있는 우리 시대의 자화상이라고 할 수 있다. (도 9, 도 10)

도. 9 〈문자경〉
2021, 캔버스에 아크릴,
투명 아크릴 판 위에 아크릴
각 92×66cm (8폭)

도. 10 〈문자경〉
2021
3채널 비디오, 컬러, 사운드
1' 59"

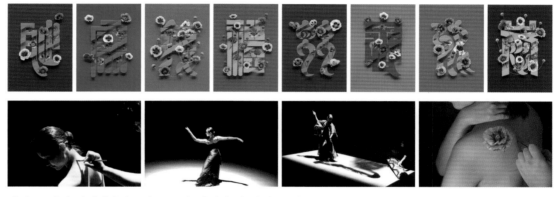

작가는 이에 대해 "과거부터 누구나 지켜야 할 삼강오륜의 여덟 자와 아름답게 묘사된 화조(花鳥)의 의미는 오늘날에 와서 '금기와 예의'를 넘나든다."고 말한다. 문자도를 타투로 그리는 현상은 과거의 개념이 시간에 따라 변화됨을 보여준다. 몸에 그림과 글자를 새기는 문신(文身)은 우리나라에선 불법이지만 세계적 유행 속에서 합법이 될 가능성이 농후하다. 양귀비 역시 마약이라는 금기의 맥락과 진통제라는 합법의 영역을 넘나드는 이율배반적 대상이다. 천하게 여겨지던 민화의 가치가 개성과 창작에 대한 새로운 인식 속에서 재해석 되듯이, 작가는 '금기와 예의/천대와 환대'의 시선을 묘하게 건드림으로써 '민화의 품평기준', 이른바 민화가 한국미술사에서 제대로 된 대접을 받기 위한 여러 지점들에 대해 이야기한다. 시대에 따라 변하는 가치의 문제를 창작과 모방에 관한 질문들로 확장한 것이다.

상형성에 기인한 민화문자도의 특징과 아름다움을 현대화된 해석 속에서 살펴보는 이번 전시는 '법고창신(法古創新)'을 반영한 한국 문화의 값진 페이지를 확장하는 새로운 시도라고 할 수 있다. 현대화랑이 제안하는 문자도의 어제와 오늘을 통해 우리 민화가 표현하는 창의적 담론들과 만나기 바란다.

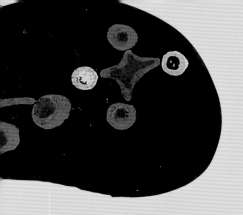

문자도의 어제

문자와 그림을 결합한 독특한 형태의 민화, 문자도(文字圖)는 선사시대 바위
그림이나 상형문자인 갑골문에서 연원을 찾을 수 있는 역사가 깃든 신묘한
그림이다. 희망과 바람을 단순화한 기호에 담은 길상문자도(吉祥文字圖)와 유
교문자도(儒教文字圖)는 문자도의 대표적인 형태이다. 길상문자도로 시작한
유교문자도는 현대미술가 이우환이 '민화=우리의 생활화'로 인식할 만큼 조
선회화 특유의 독창적 구조를 가진 매력적인 그림이다. 대부분의 문자도는
양반의 상징인 병풍으로 꾸며지며, '효제충신예의염치'와 연계된 스토리텔링
은 백성들을 교화하는 역할과 동시에 유교의 생활화를 위한 구조적 짜임을
보여준다. 직선과 곡선의 이중변주 속에서 현실세계와 이상세계를 넘나드는
표현 구성은 조선민화를 가로질러 '지금-여기'의 우리에게 삶을 향한 긍정의
메시지와 창의적 상상력을 심어주고 있다. 삶의 바람과 희로애락을 담았던
우리조상들의 아름답고 신묘한 문자도 세계 속으로 들어가 보자.

문자도
文字圖
Munjado, Ideographs

19세기 | 8폭 병풍 | 종이에 채색
각 61×36 cm

모던한 감각이 살아 숨 쉬는 세련된 형태의 화조(花鳥)를 곁들인 문
자도이다. 김기창, 김종학 등 전통미감을 현대적으로 살린 대표 작
가들이 소장했을 정도로 탁월한 회화미감을 보여준다. 자획을 상형
으로 꾸미던 전형적인 양식을 탈피하여 꽃의 장식성을 한 폭의 추
상화처럼 단순화시켰다.

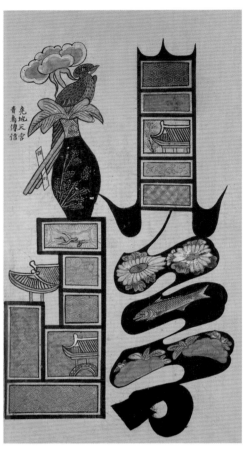

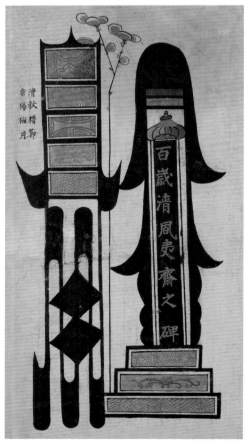

02

문자도
文字圖
Munjado, Ideographs

19세기 | 8폭 병풍 | 종이에 채색
각 62 × 32.5 cm

글자마다 유교의 설화와 고사가 충실하게 묘사돼 있는 전형적인 형식의 문자도이다. 소재 하나하나에 상징과 스토리텔링이 접목되어 있기에 감성시대에 접어든 오늘날 많은 사람들에게 이해와 호감을 갖게 만드는 설득의 힘을 보여준다.

三禮志寬
由背升心

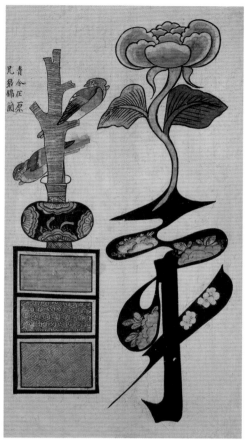

青令任原
兄弟錦蘭

孝感天心
筍魚洋出

大舜聖琴
陸的回客

鳳海千忍
飢不啄粟

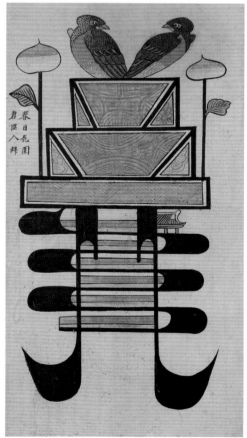

春日飛園
君臣八拜

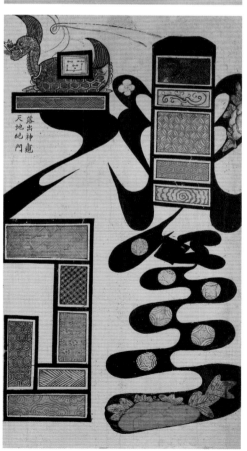

落出神龍
天地純門

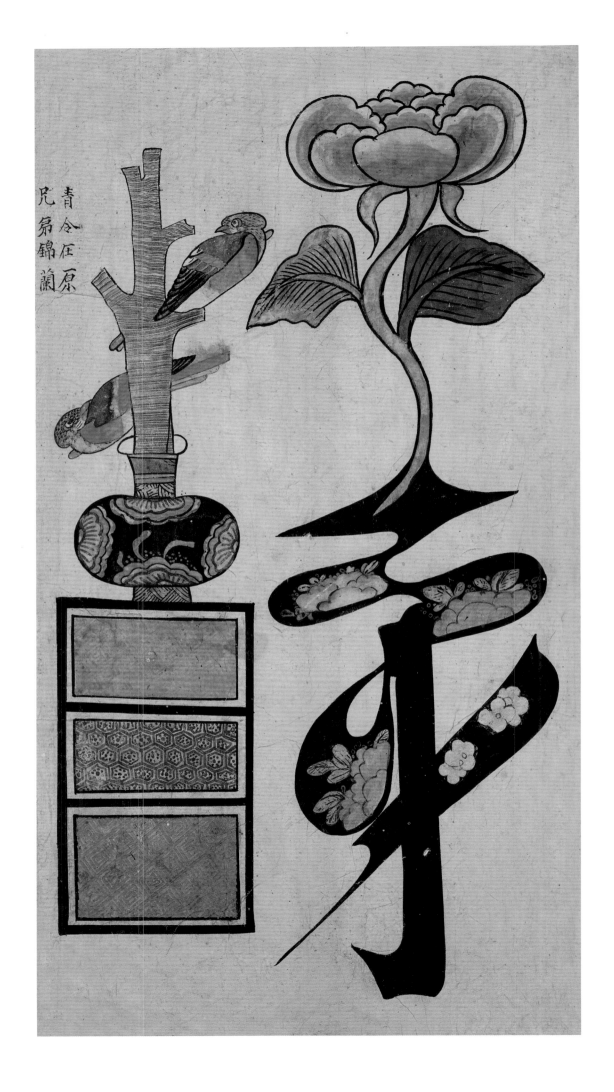

青令在原
兄弟錦蘭

46

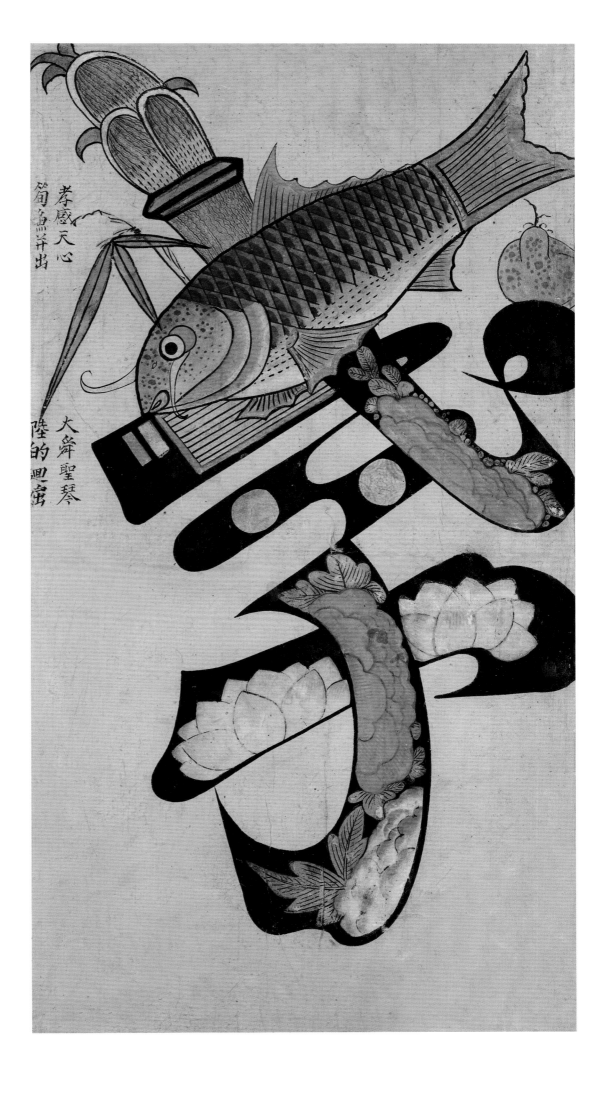

孝感天心
笋魚並出

大舜聖琴
陸的興密

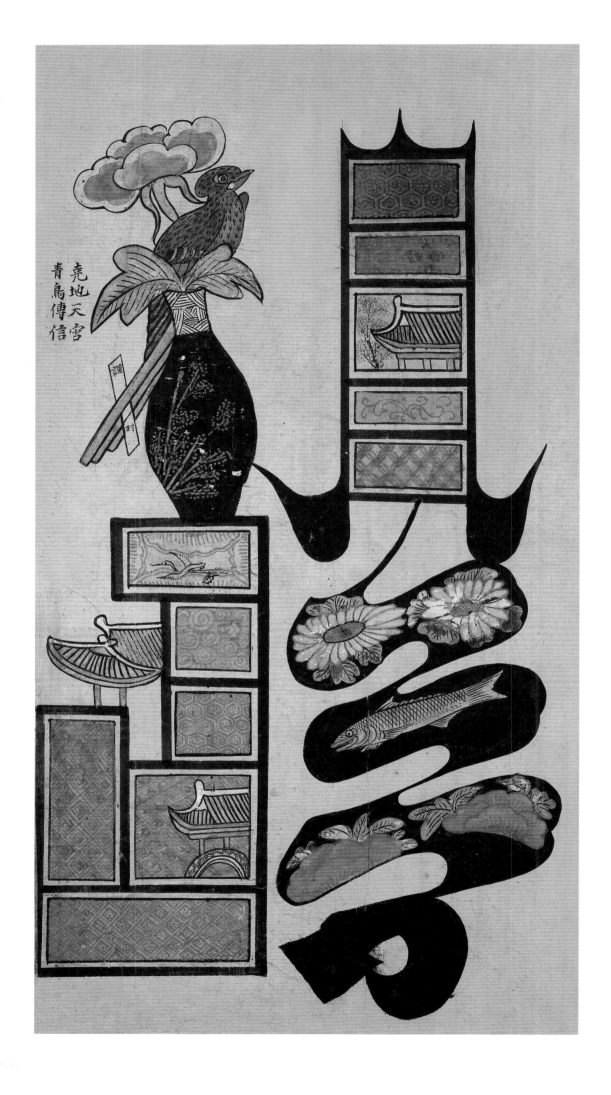

堯地天宮
青鳥傳信

三禮忠竅
曲背丹心

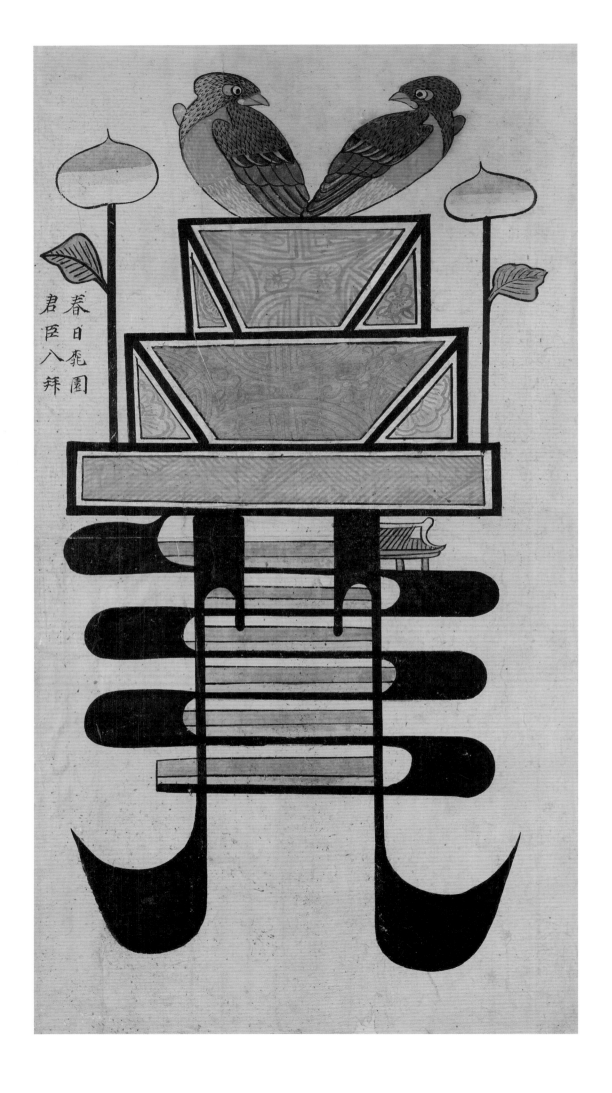

春日鶏園
君臣八拜

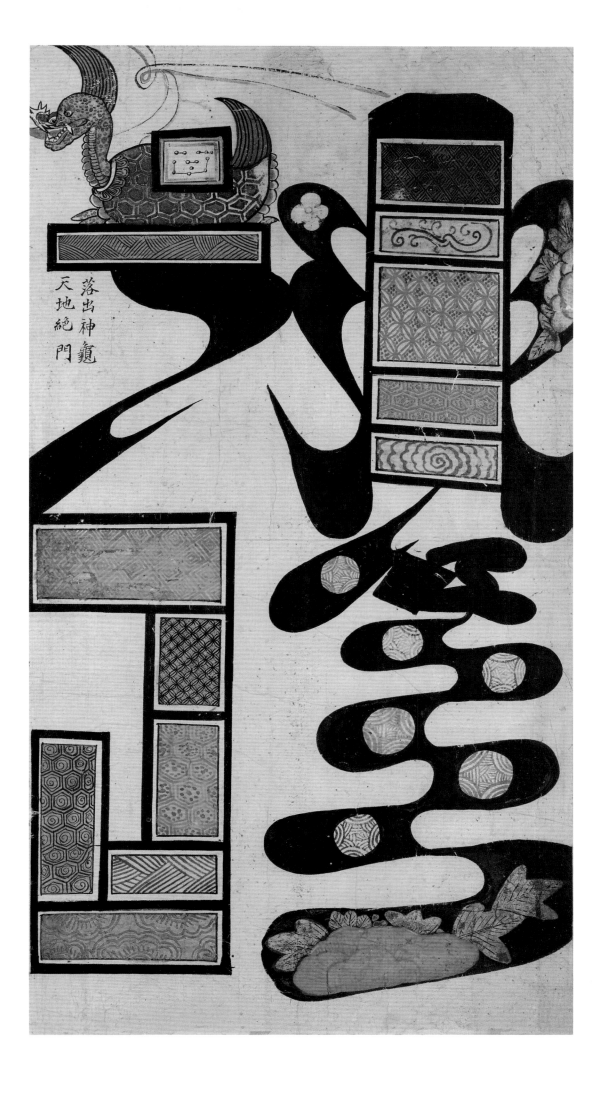

落出神龜
天地絶門

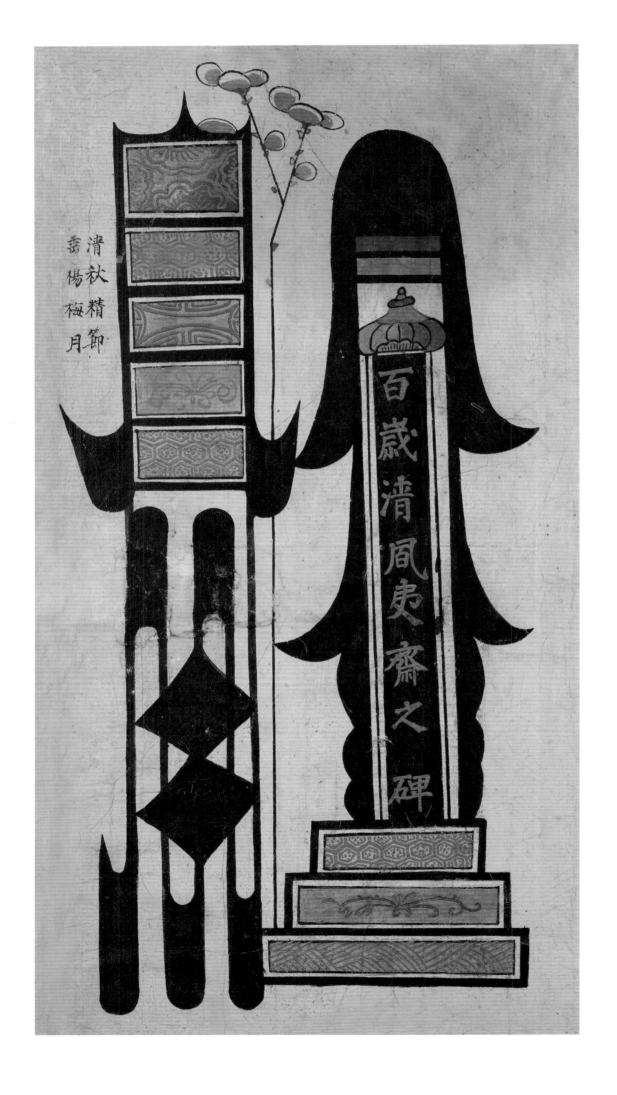

清秋精節
霧楊梅月

百歲清風吏齋之碑

鳳飛千忍
飢不啄粟

三禮忠克
曲脊丹心

三禮忠克
曲脊丹心

03

문자도
文字圖
Munjado, Ideographs

19세기 말 – 20세기 초 ｜ 8폭 병풍 ｜ 종이에 채색
각 64 × 34 cm

해서체의 문자 내부에 고사와 설화를 가득 채운 문자도이다. 18세기 유교문자도에 비해 대담하고 화려한 면모를 보이는데, 정교한 화법과 정감 가는 스토리텔링은 풍속화의 다채로움을 경험한 천재 화공의 자유로운 창의력에서 이어진 것으로 보인다.

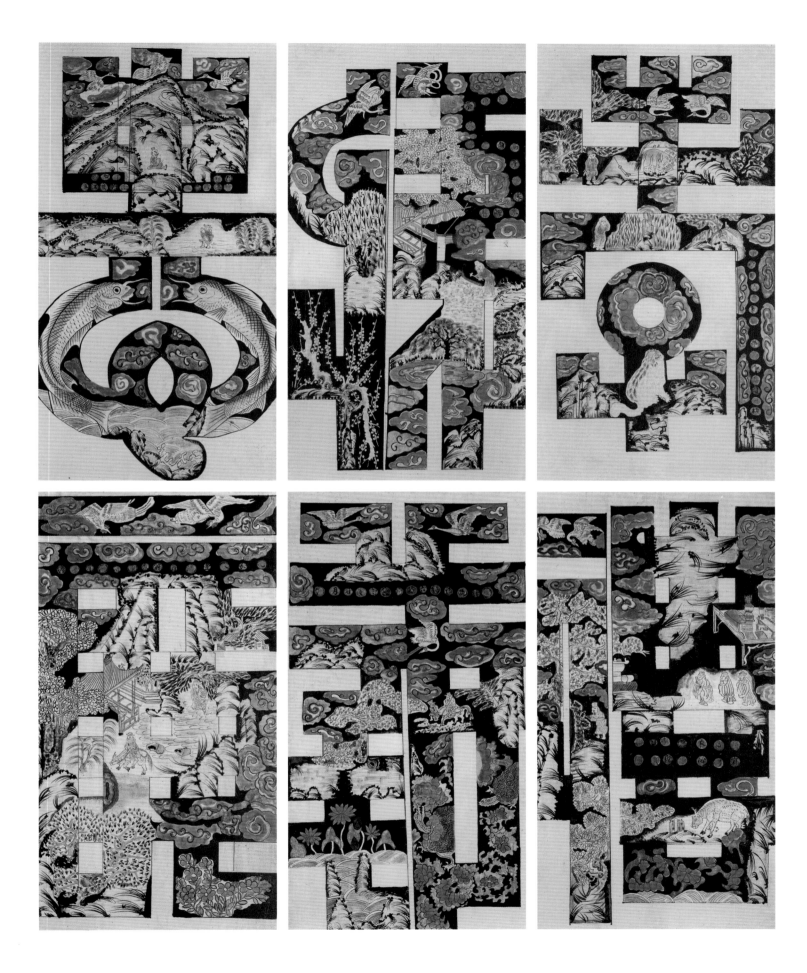

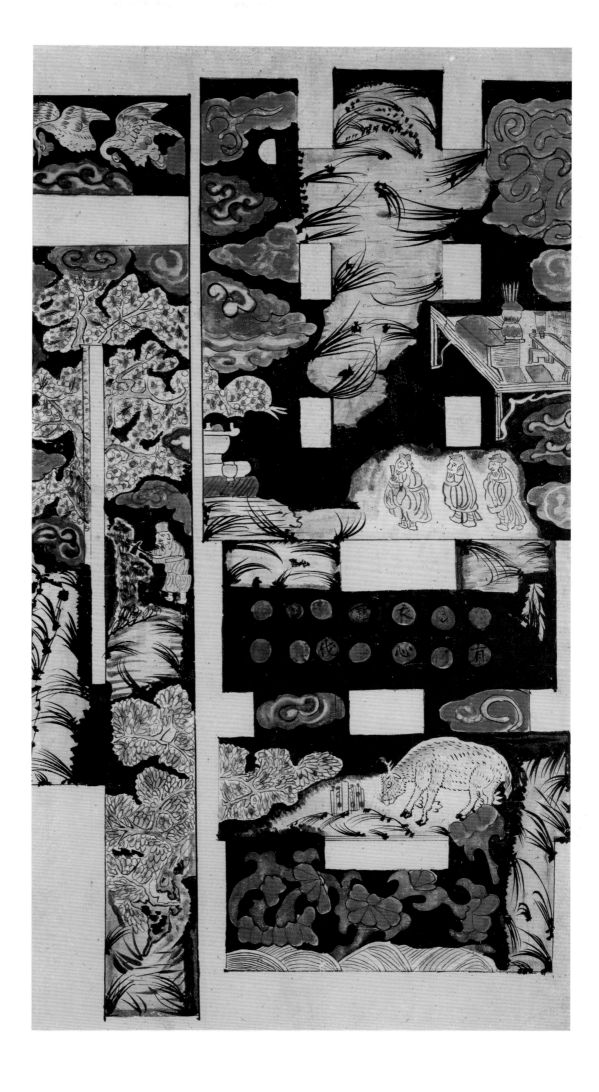

65

69

04

문자도
文字圖
Munjado, Ideographs

19세기 중반 | 8폭 병풍 | 종이에 채색
각 90.2 × 34.2 cm

화려한 색채와 옛 이야기를 충실하게 반영한 이 작품은 전형적인 유
교문자도와 장식적인 문자도 사이를 넘나든다. 관례를 깨트리지 않
으면서도 획마다의 독창성이 탁월하다. 제작기법이나 조형성에서
뛰어난 격조를 드러낸 것으로 보아 전문 화공(畫工)이 그렸을 가능
성이 크다.

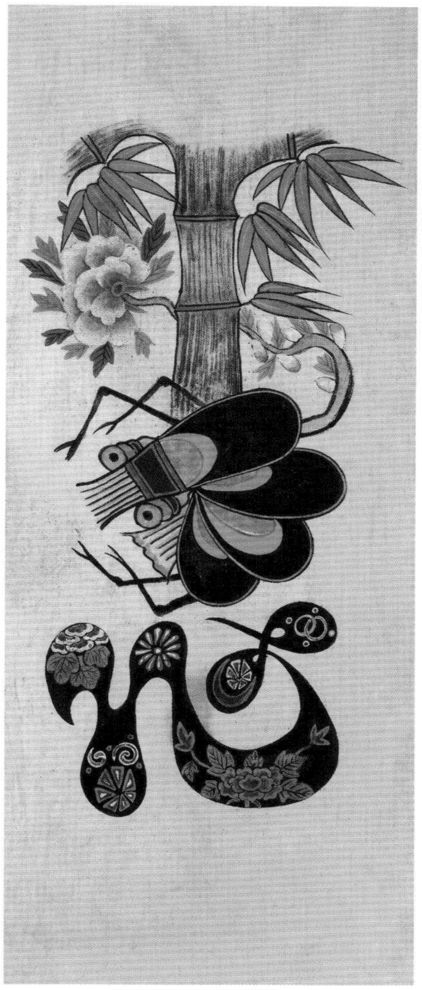

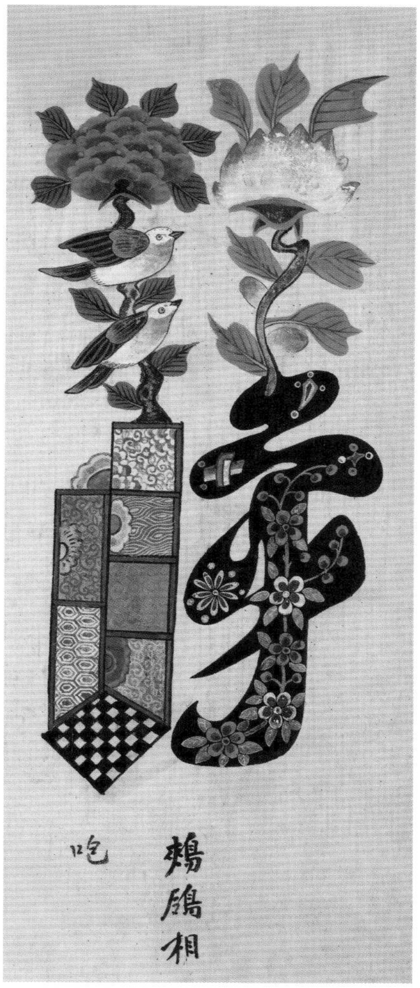

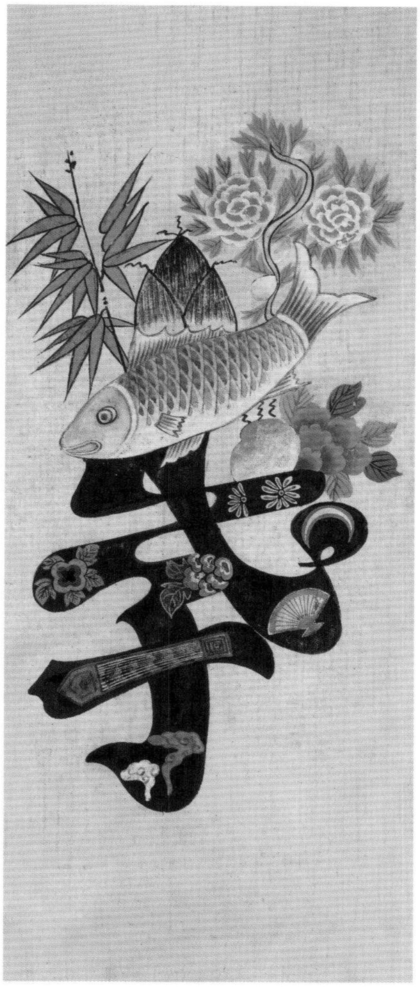

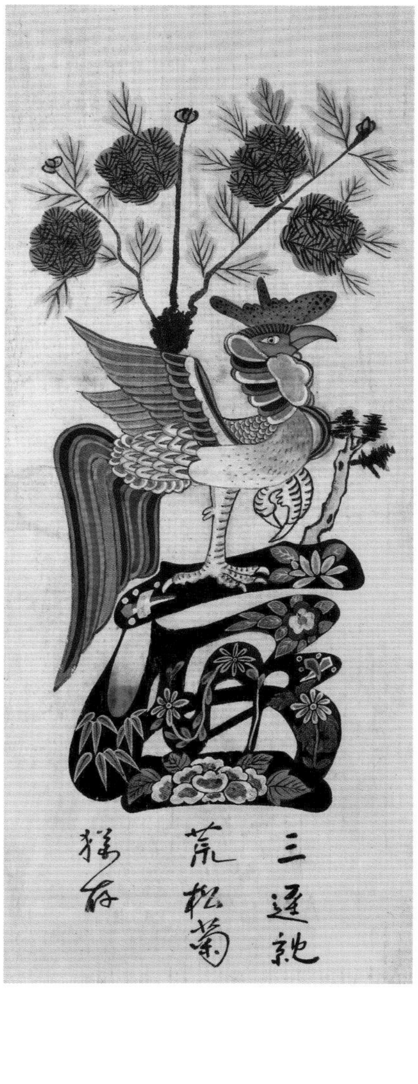
三逕就
荒松菊
猶存

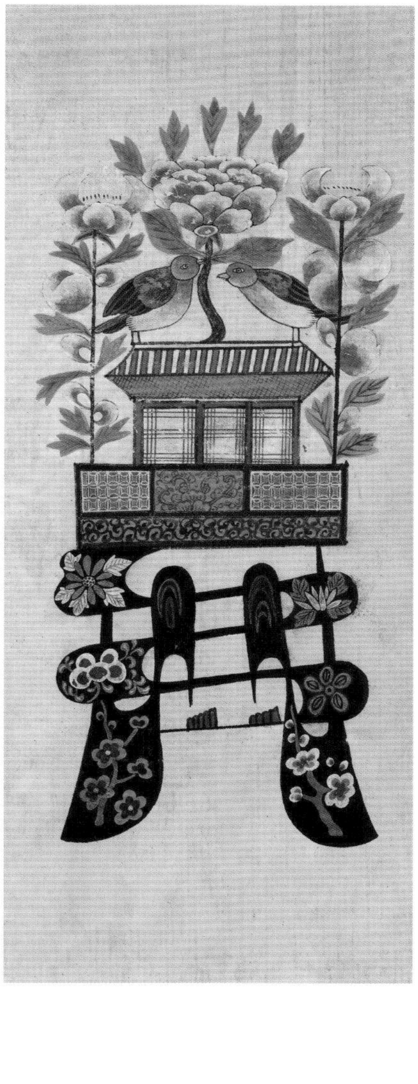

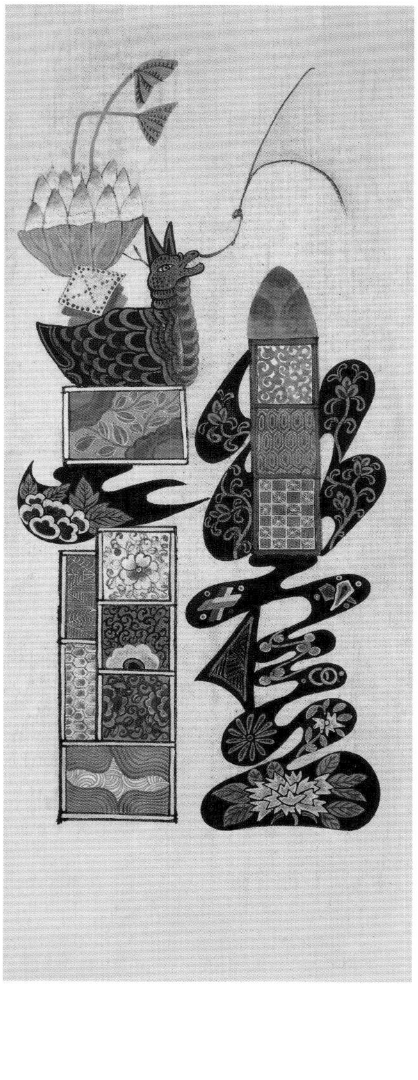

鶀
鳹
相

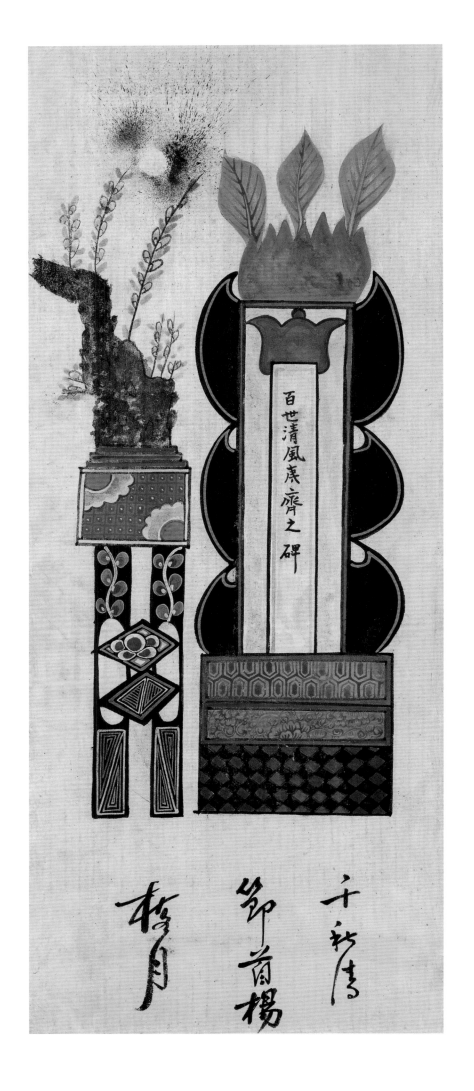

百世清風廉齊之碑

千新清
節首楊
梅月

84

三遷訛

荒松菊

猶夺

05

문자도
文字圖
Munjado, Ideographs

19세기 말 – 20세기 초 | 8폭 병풍 | 종이에 채색
각 54 × 35 cm

동·식물의 캐릭터가 개성 있게 분출된 작품으로, 각 소재와 문자가
대등하게 표현되어 문자도의 상징성이 간결하면서도 명확하게 맞아
떨어진다. 문자 내부에 자리 잡은 꽃과 나무의 의기로운 표현 역시 남
도지방 특유의 독특한 장식을 드러내며 소박한 해학미를 표출한다.

龜負洛書

大學
太甲

小學
孔夫子

제주문자도
濟州文字圖
Jeju Munjado, Ideographs of Jeju
19세기 말 – 20세기 초 │ 8폭 병풍 │ 종이에 채색
각 94.5×34.5 cm

단순해 보이지만 비교적 치밀한 구성을 가진 제주문자도이다. 상단
은 비교적 상승하는 느낌의 식물을 배치했고, 하단엔 물고기와 어
우러진 식물들을 수평으로 그려 넣었다. 통치를 목적으로 그려진 유
교문자도가 제주에서 오랫동안 그려진 이유는 조선정부가 변방을
집중적으로 관리하려는 목적도 있었겠지만, 제주 특유의 유머와 결
합한 생활미감 때문이다.

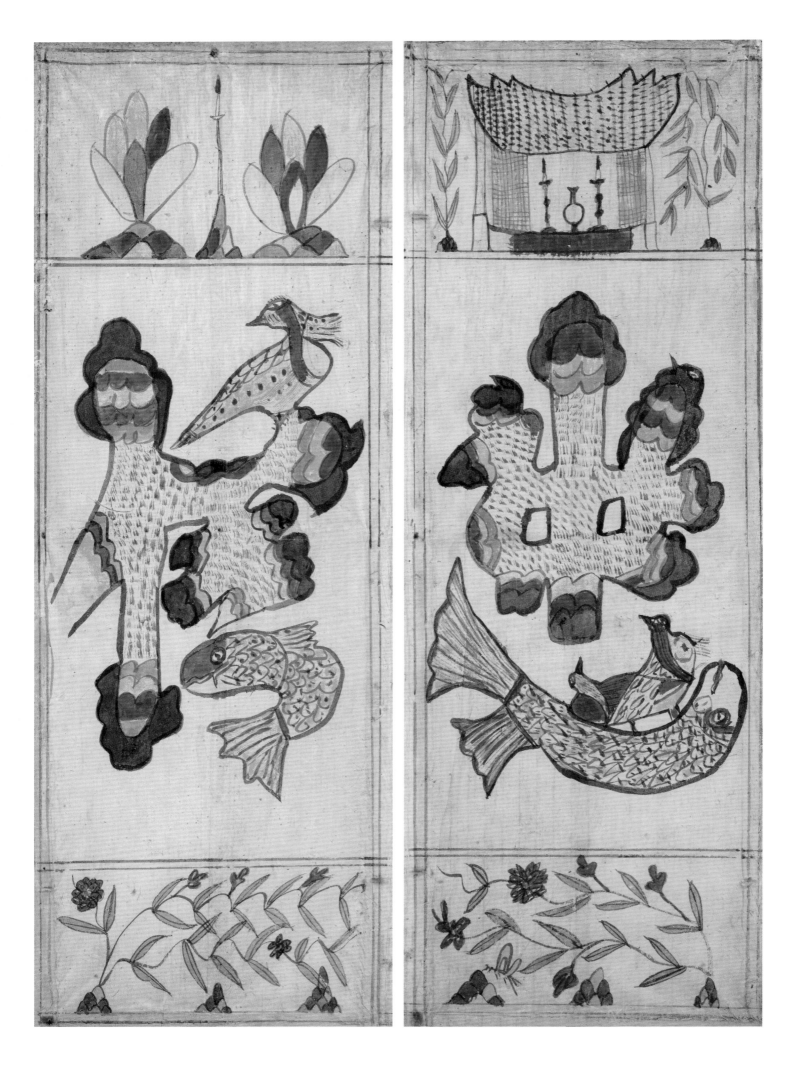

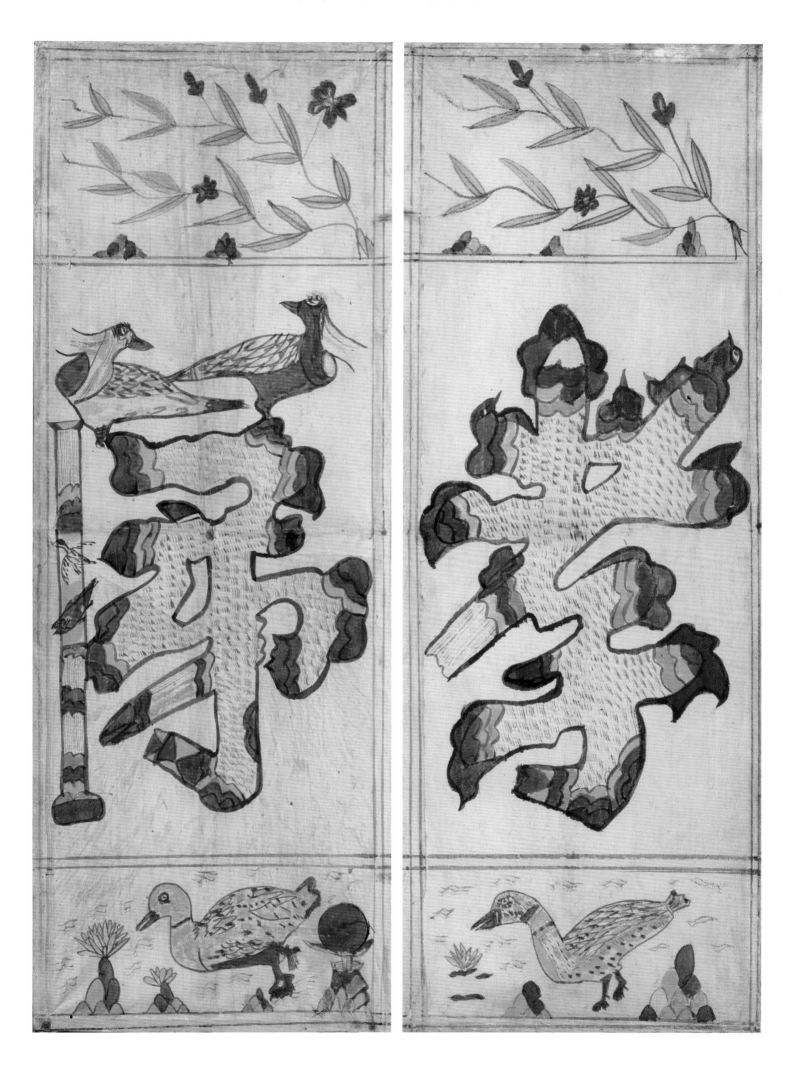

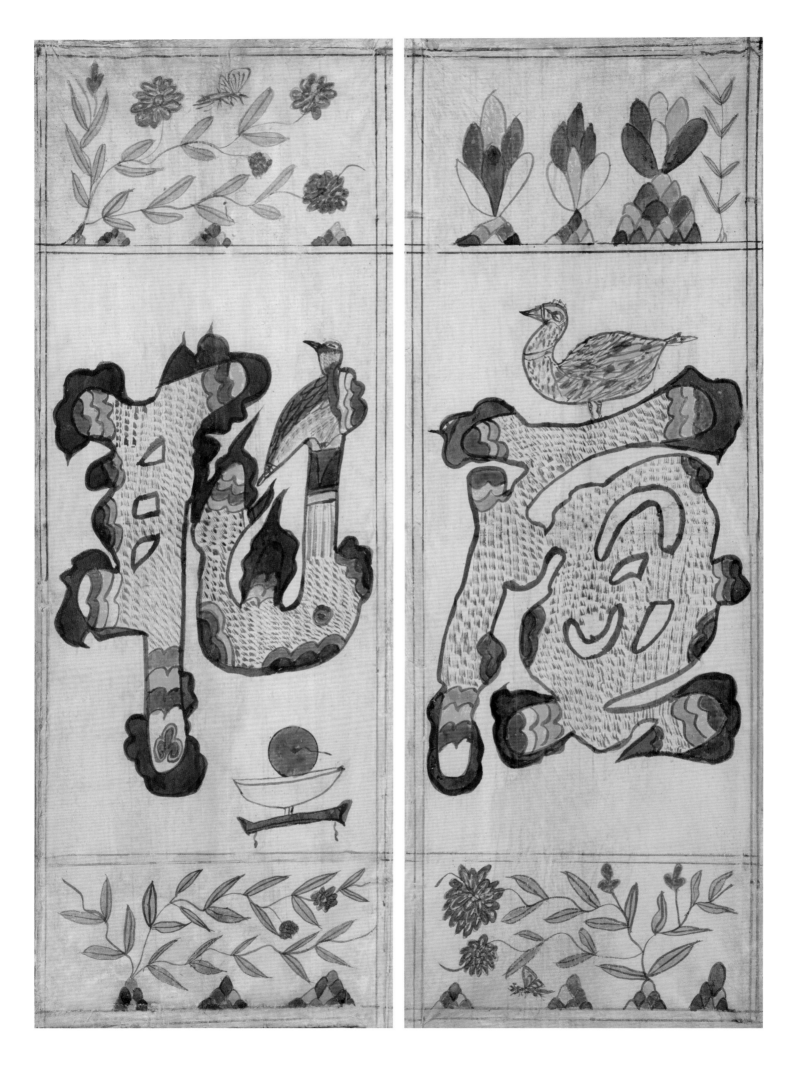

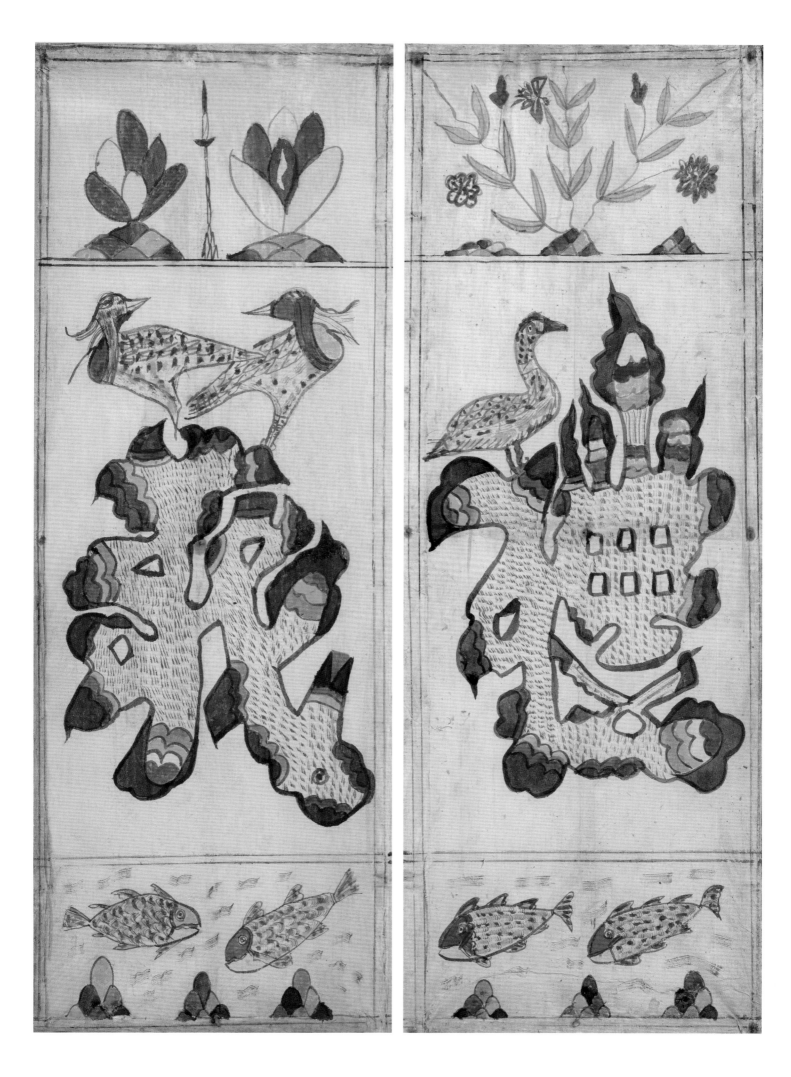

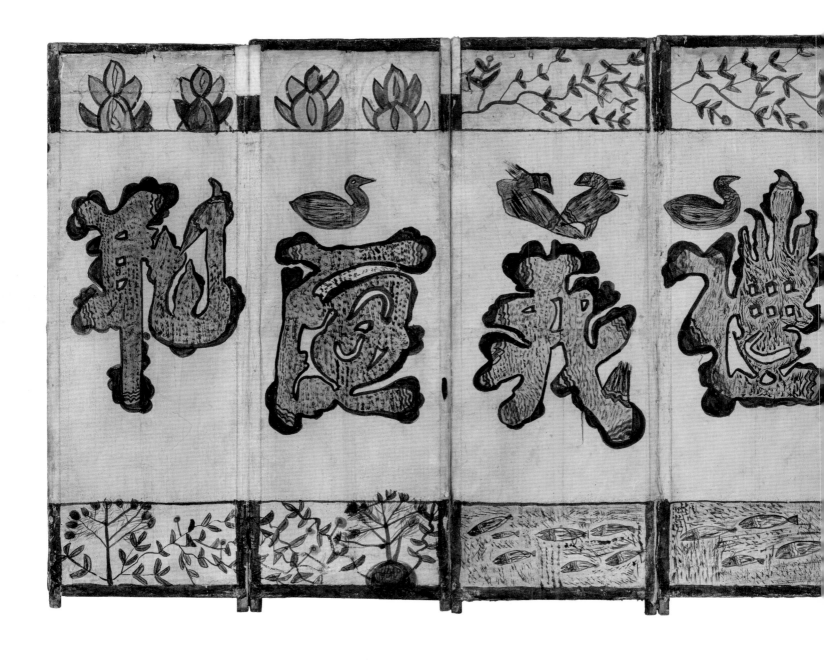

제주문자도
濟州文字圖
Jeju Munjado, Ideographs of Jeju

20세기 전반 | 8폭 병풍 | 종이에 채색
각 107 × 37 cm

푸른 색의 시원한 미감을 자랑하는 제주문자도로 글자의 미감을 강
조하기 위해 획의 끝을 먹으로 강하게 둘러쳤다. 두 폭이 한 세트처
럼 4개의 패턴으로 구성된 탓에 강함 사이에 유연한 미감이 흐른다.
표구가 오래된 병풍으로 제자를 효자 앞에 두어 '형제 사이의 우애'
를 무엇보다 강조한 것으로 보인다.

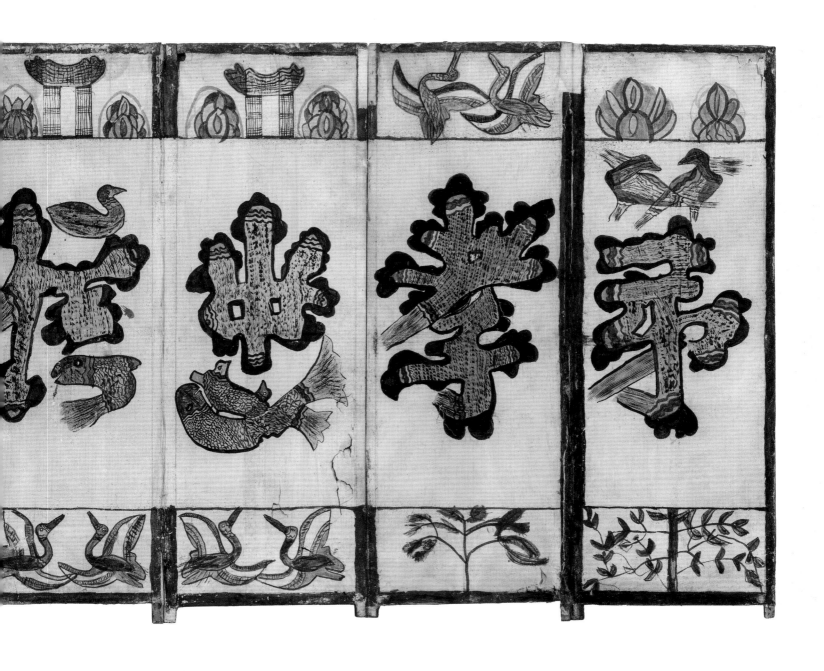

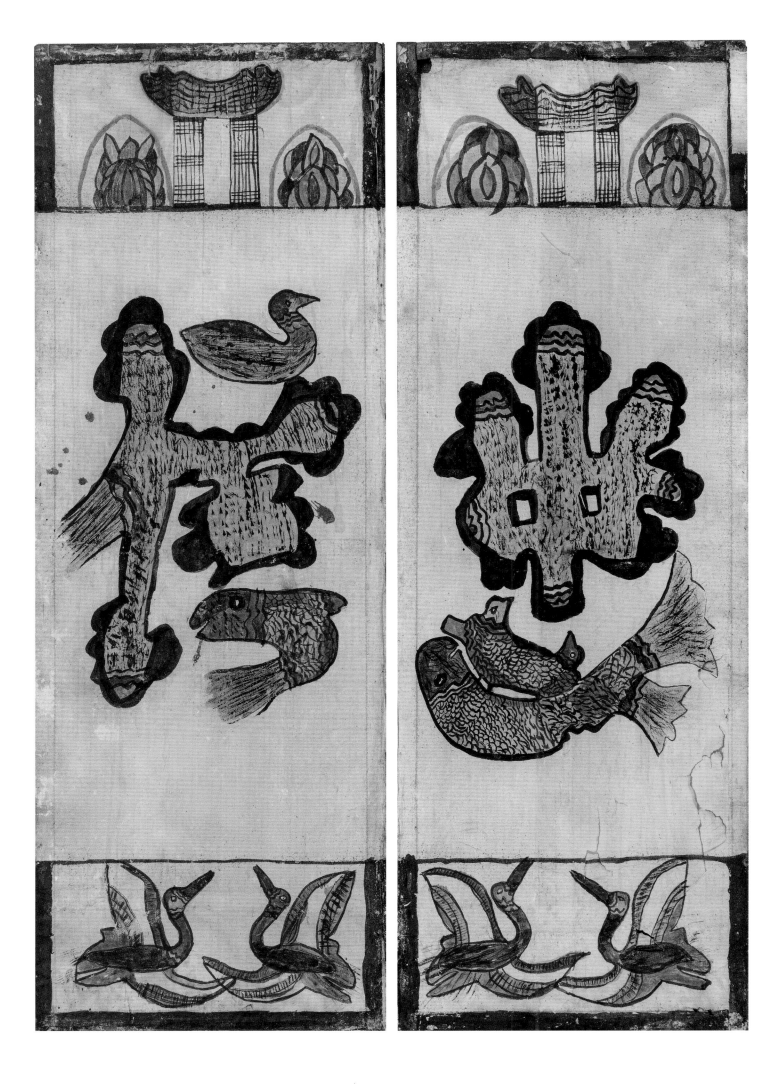

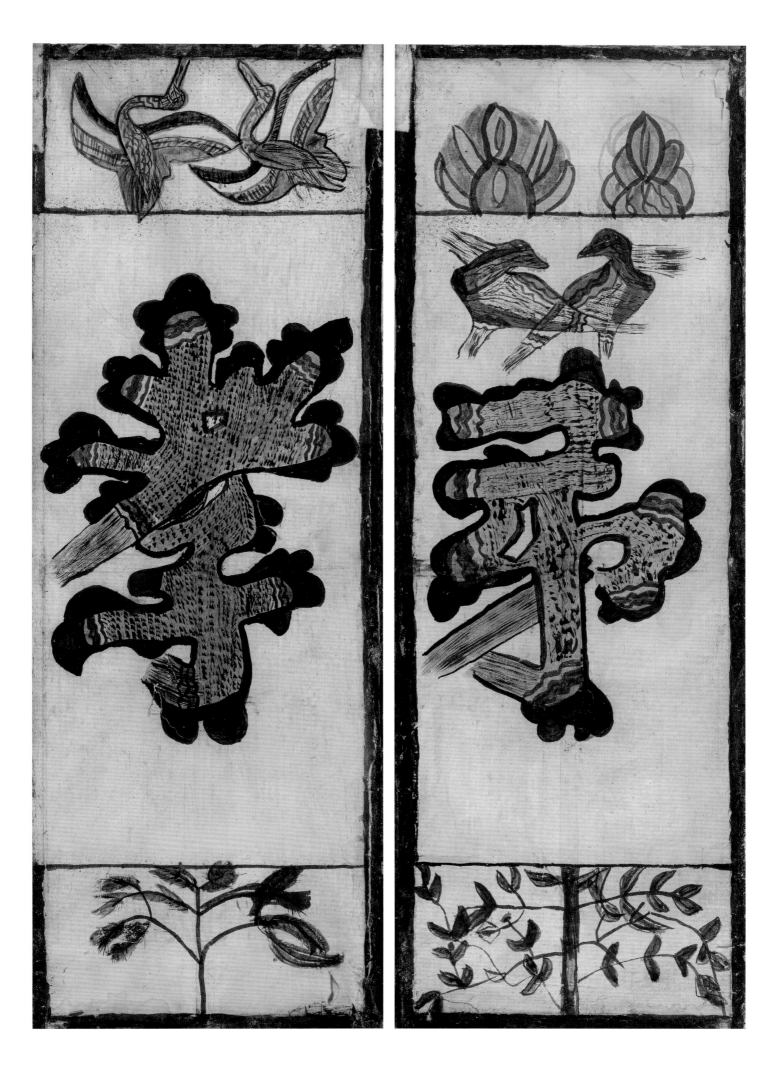

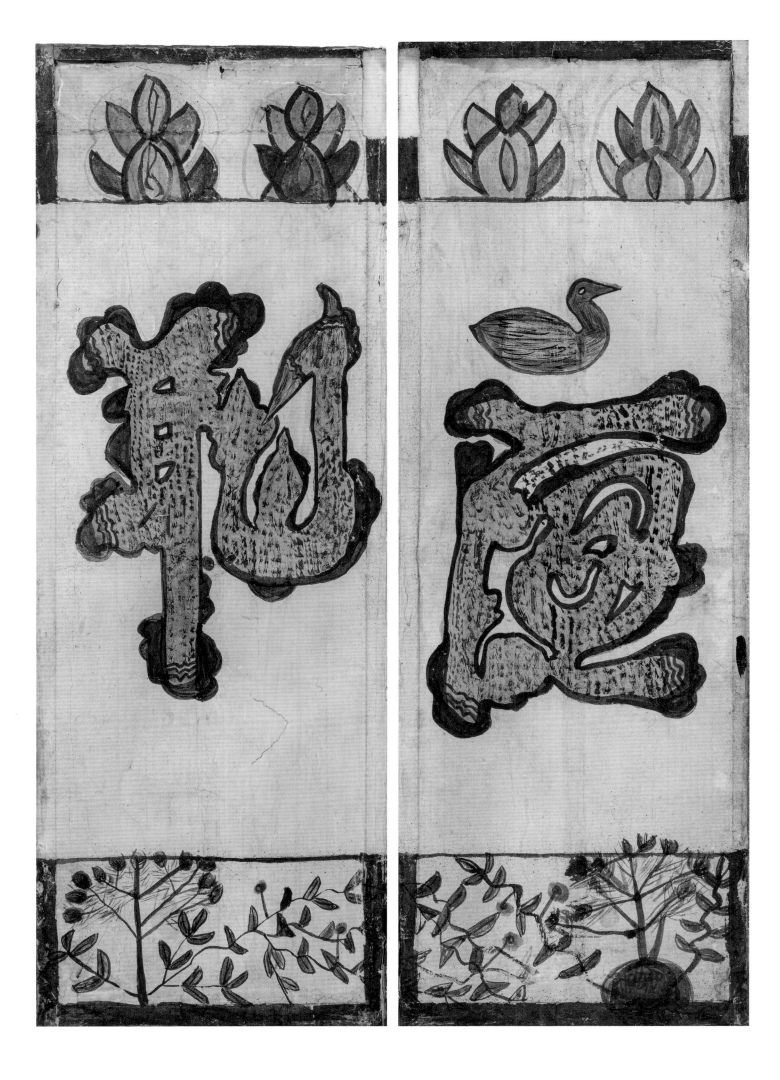

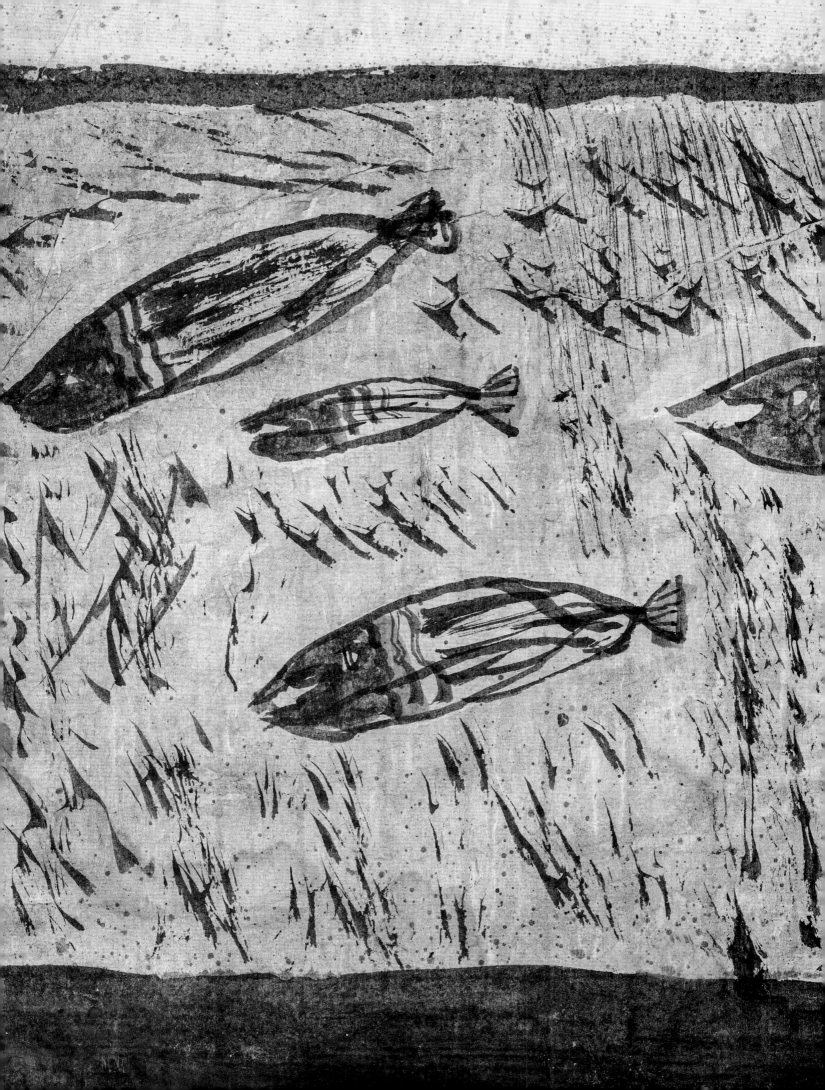

08

제주문자도
濟州文字圖
Jeju Munjado, Ideographs of Jeju

20세기 전반 | 8폭 병풍 | 종이에 채색
각 88.5 × 48 cm

제주문자도 특유의 3단 구성이 눈길을 잡아끈다. 오방색을 크레용
으로 끄적거려 놓은 듯한 천진난만함을 구조적 안정감 속에서 보여
주는 빼어난 작품이다. 해서체의 자유로운 변용을 통해 육지문자도
에 비해 형식의 독특함을 추구한다.

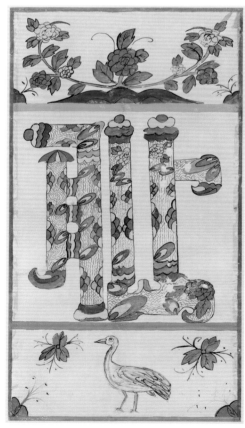

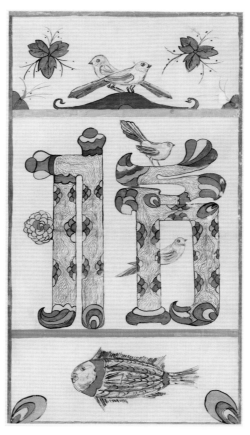

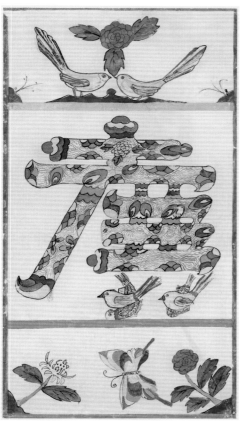

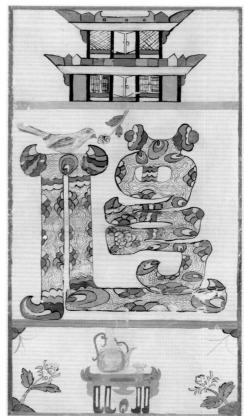

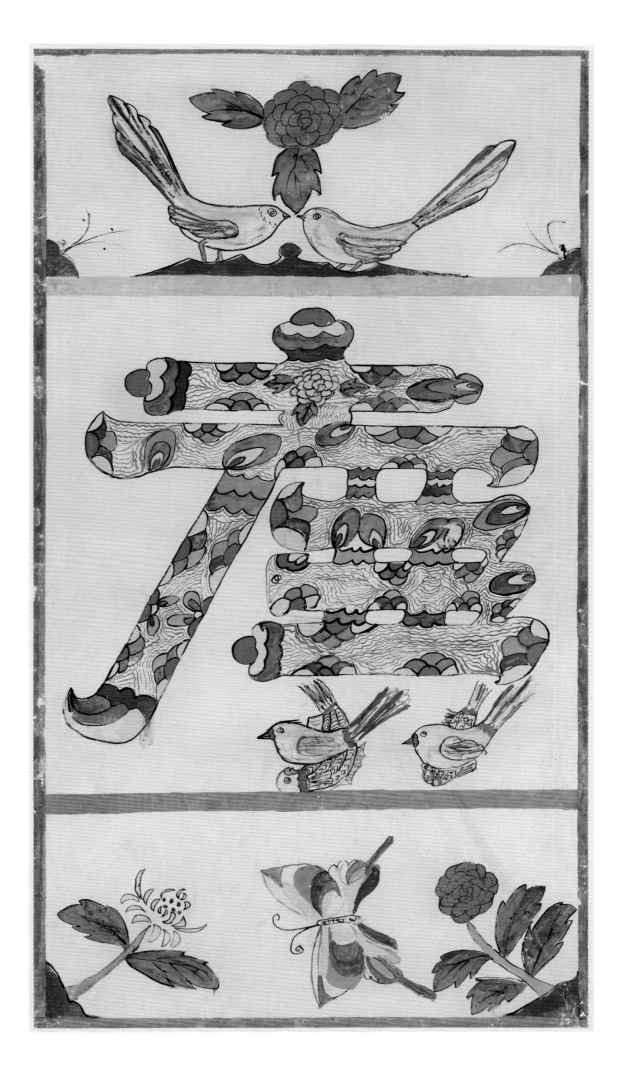

143

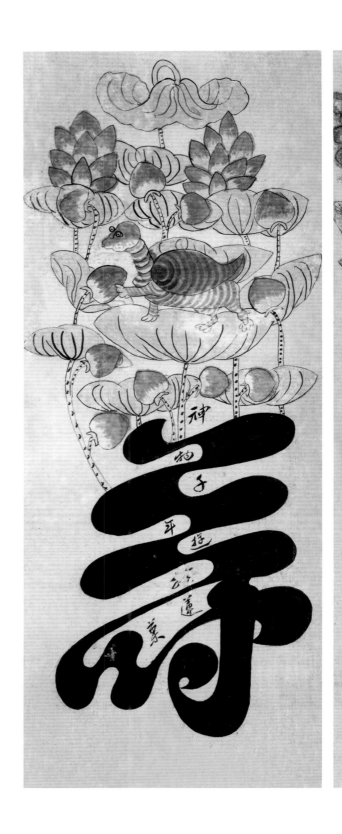

09

문자도
文字圖
Munjado, Ideographs

19세기 말 – 20세기 초 | 4폭 | 종이에 채색
각 101 × 39.7 cm

유교문자도의 8폭 가운데, 효(孝)·제(悌)·충(忠)·예(禮) 네 자만
을 족자 형태로 갖춘 독특한 형식의 작품이다. 잉어·할미새·용·거북
이 등의 상징 그림을 붉은색과 엷은 푸른색으로 표현하고 획을 단
순화시켜 일반 문자도에서 볼 수 없는 자유로운 상상의 세계를 구
현하였다.

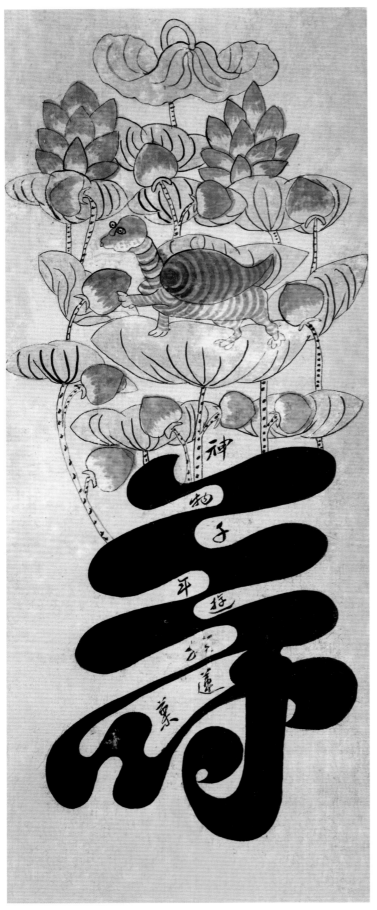
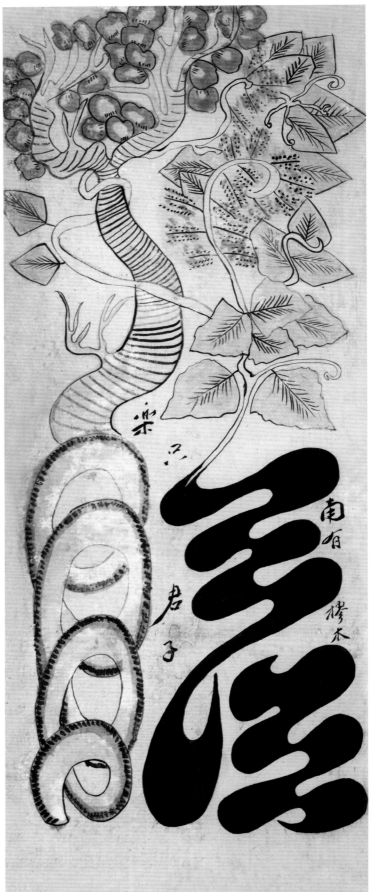

10

문자도
文字圖
Munjado, Ideographs

19세기 | 2폭 족자 | 목판화
각 72×40 cm

의자와 염자만이 족자형태로 남아있는 유교문자도이다. 대량생산을
통한 윤리의식을 널리 배포하기 위해 판화로 찍었으며, 도상보다 의
미내용을 강조하기 위해 자획의 흐름을 해서체로 큼직하게 새겨 넣
었다.

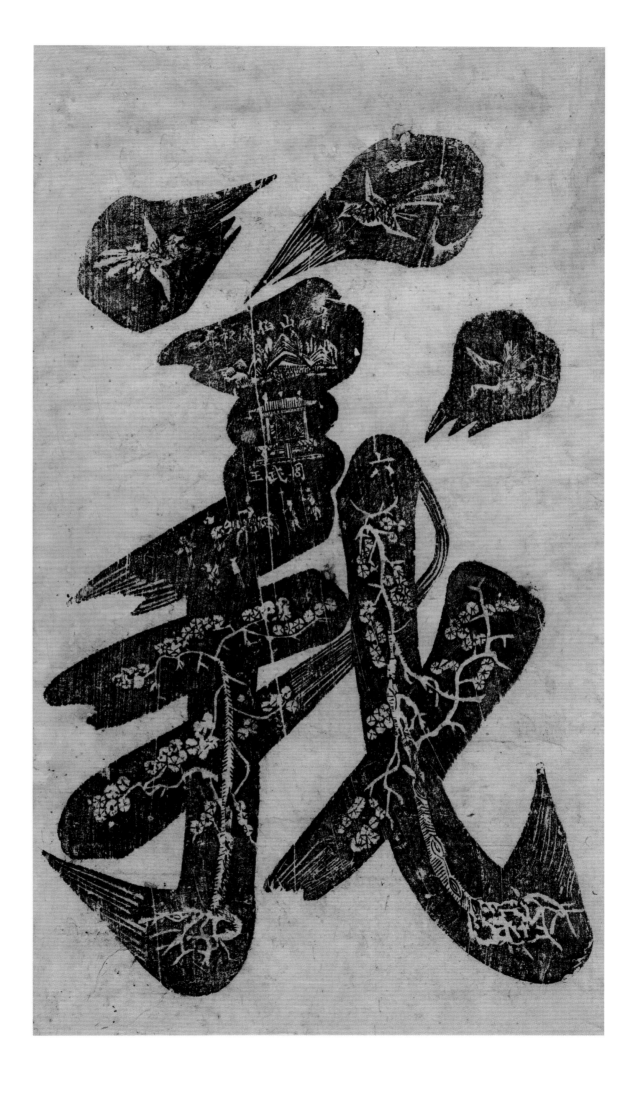

155

11

백수백복도
百壽百福圖
Characters for Longevity and Fortune

1894 | 10폭 병풍 | 종이에 채색
각 90.5 × 31.5 cm

갑오개혁이 일어난 1894년에 쓰인 '갑오춘서(甲午春書)'라고 적힌 연대가 분명한 백수백복도로, "조선의주에 사는 장인선이 삼가 본뜬다(朝鮮義州張麟善謹摸)"라는 주문방인과 "본관이 화산, 자가 서백, 호가 용산(本花山字瑞伯號龍山)"이라는 뚜렷한 방인이 찍혀 있다.

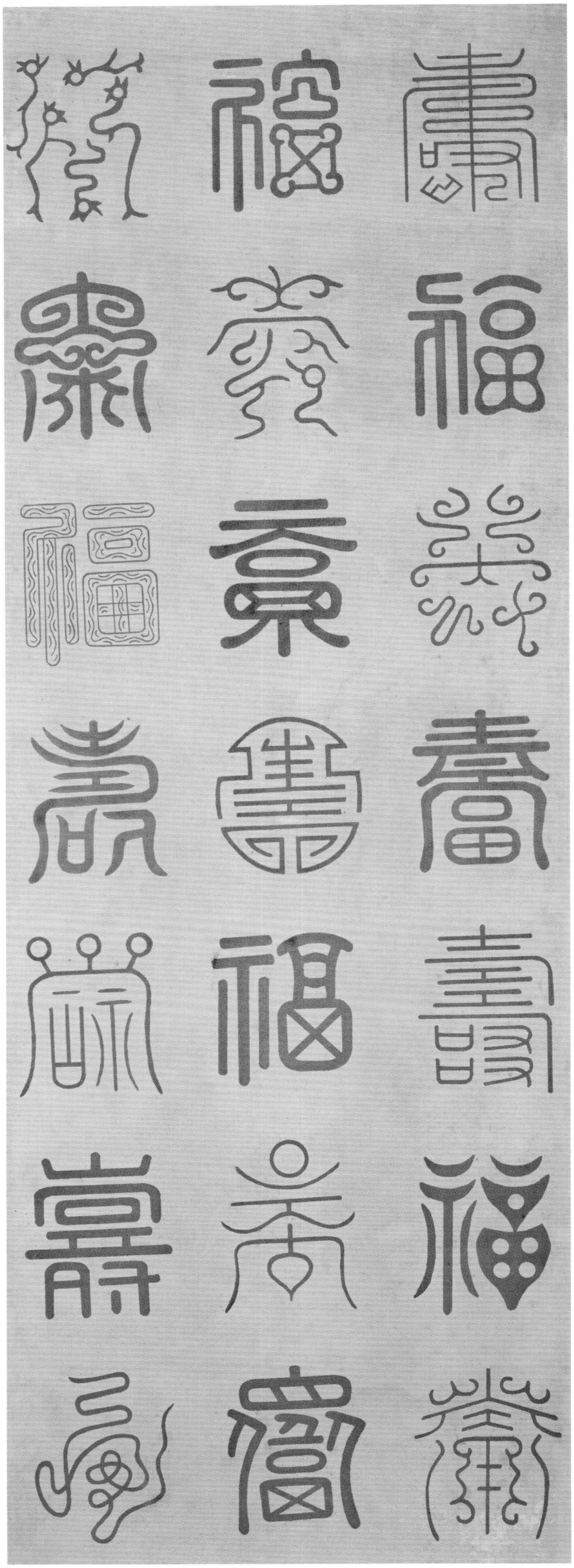

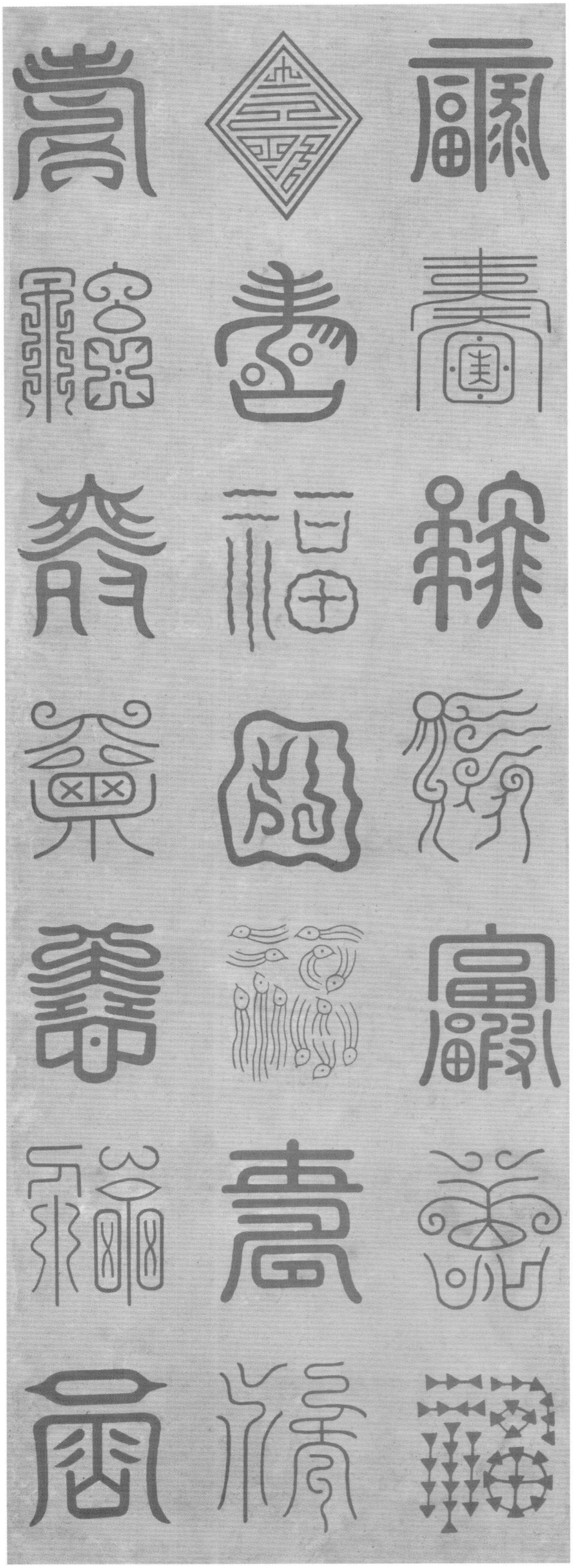

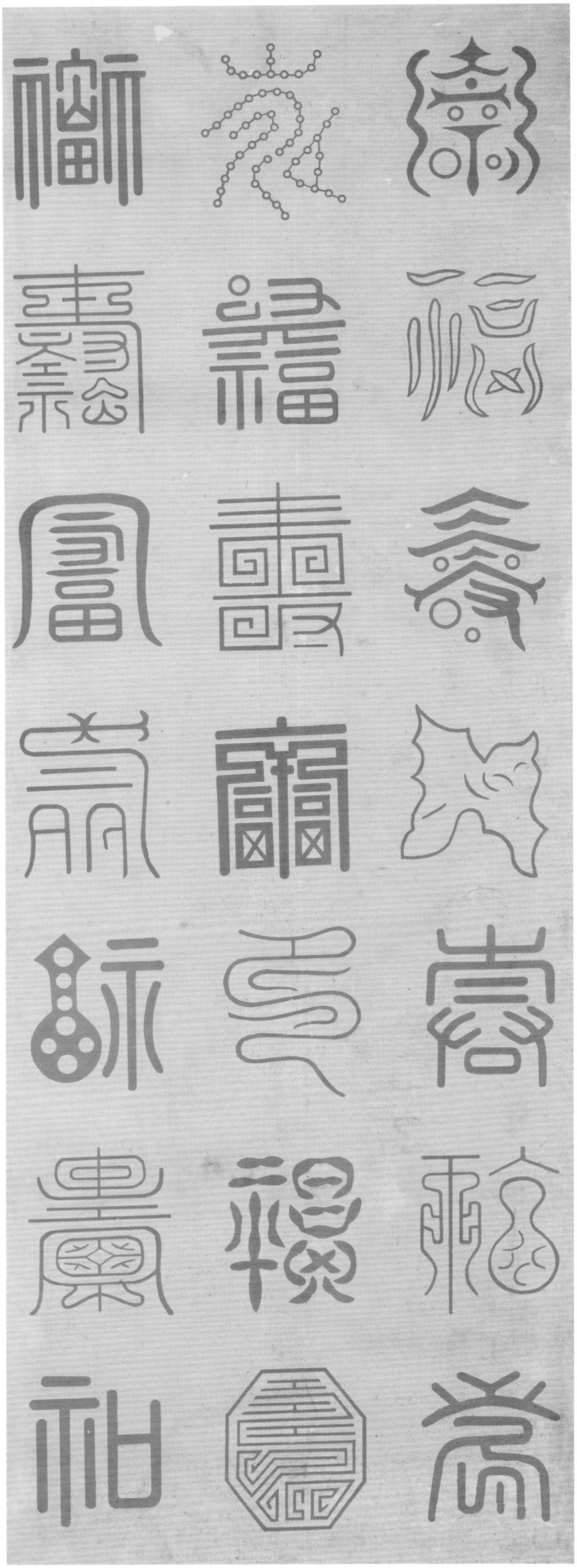
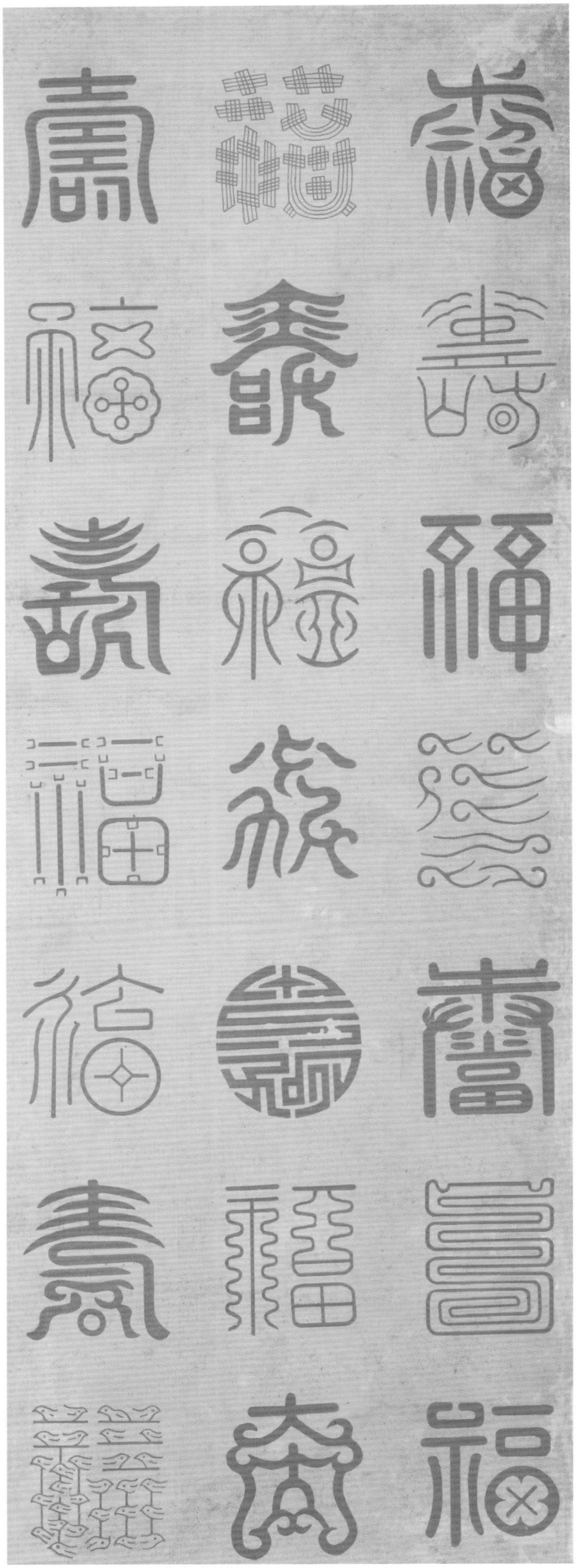

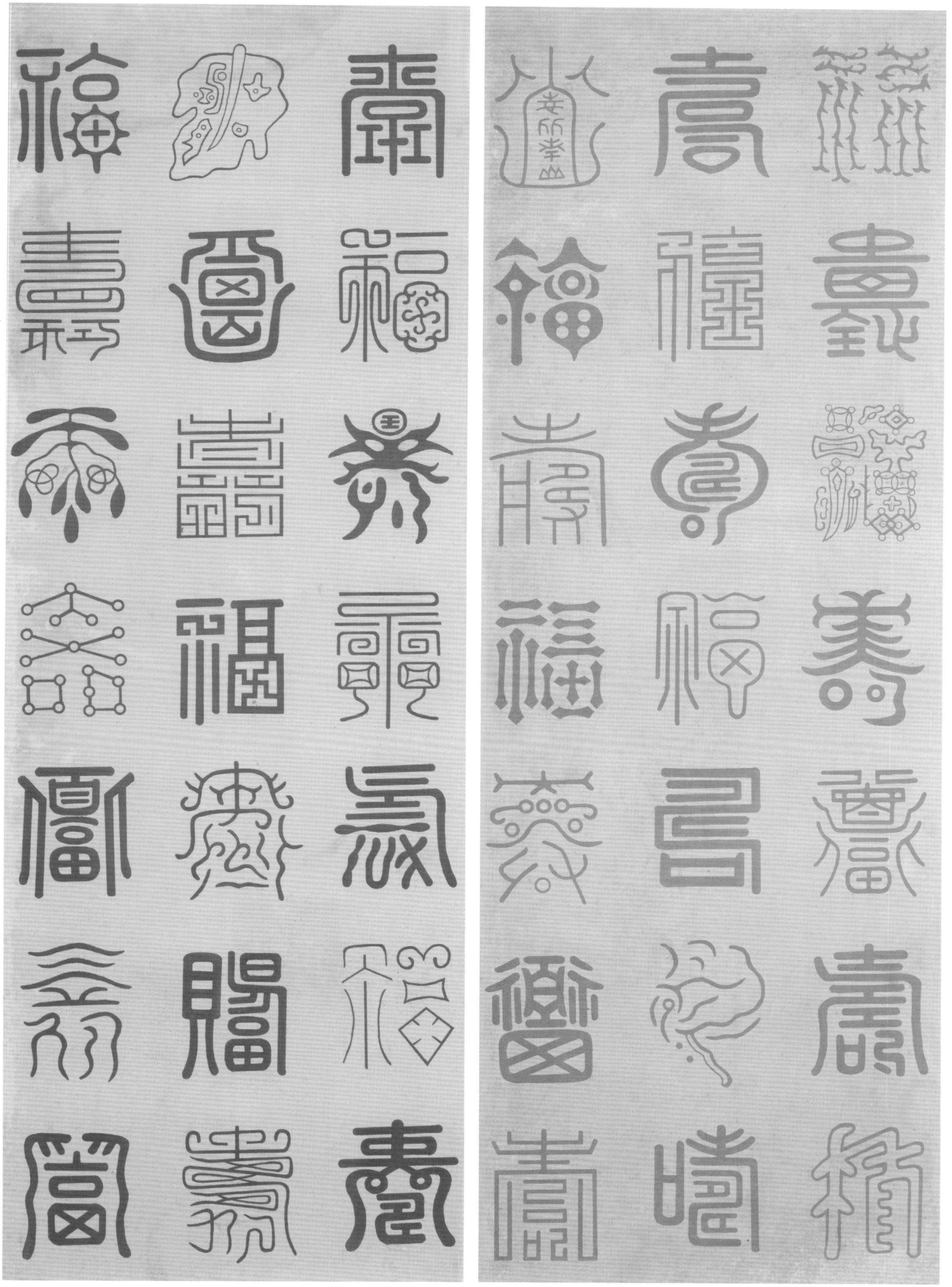

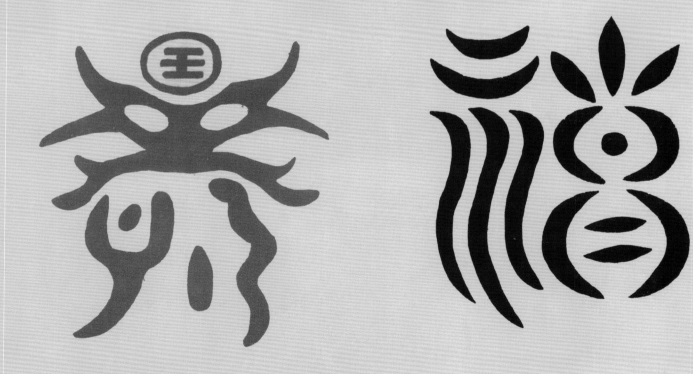

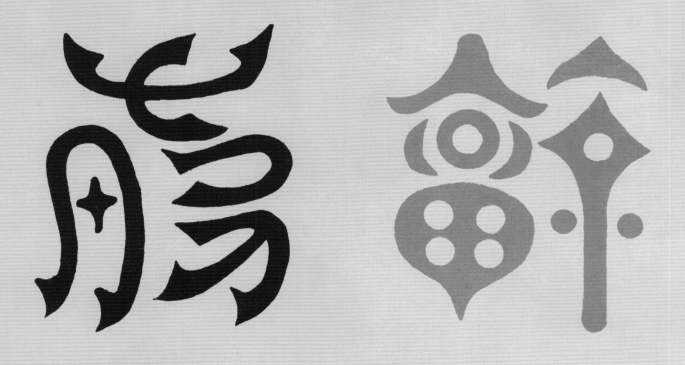

"평민·서민의 습관화된 대중적인 그림"

— 이우환(李禹煥)

"서민·평민·상민·민중 등 사회 계층이나 신분의 구별 없이
도화서 화원은 물론 모든 한국 민족들이 그린 그림"

— 조자용(趙子庸)

"민족의 미의식과 정감(情感)이 표현된
겨레의 그림인 민족화"

— 김호연(金鎬然)

민화는 백성들이 오랜 세월을 살아오는 동안 이 세상에서
복 받고 오래 살기를 바라는 염원, 신앙과 생활 주변을 아름답게 꾸미고자
하는 마음을 솔직하고 자연스럽게 나타낸 시대를 끌어안은 아름다움이다.
문자도는 민화에 담긴 순수하고 소박한 마음을 새겨 넣은 생활그림이다.

12

제주문자도
濟州文字圖
Jeju Munjado, Ideographs of Jeju

19세기 말 – 20세기 초 | 8폭 병풍 | 종이에 채색
각 107 × 46 cm

제주라는 천혜자연의 풍미를 하단에는 동물, 상단에는 식물로 나누
어 배치시킴으로써 3단 구성을 이룬 제주문자도 가운데 개성어린 세
련미를 구현하는 작품이다. 특히 신자 위에 그려진 2층의 사당그림은
다른 제주문자도와 비교했을 때 상당히 견고하면서도 세밀하다.

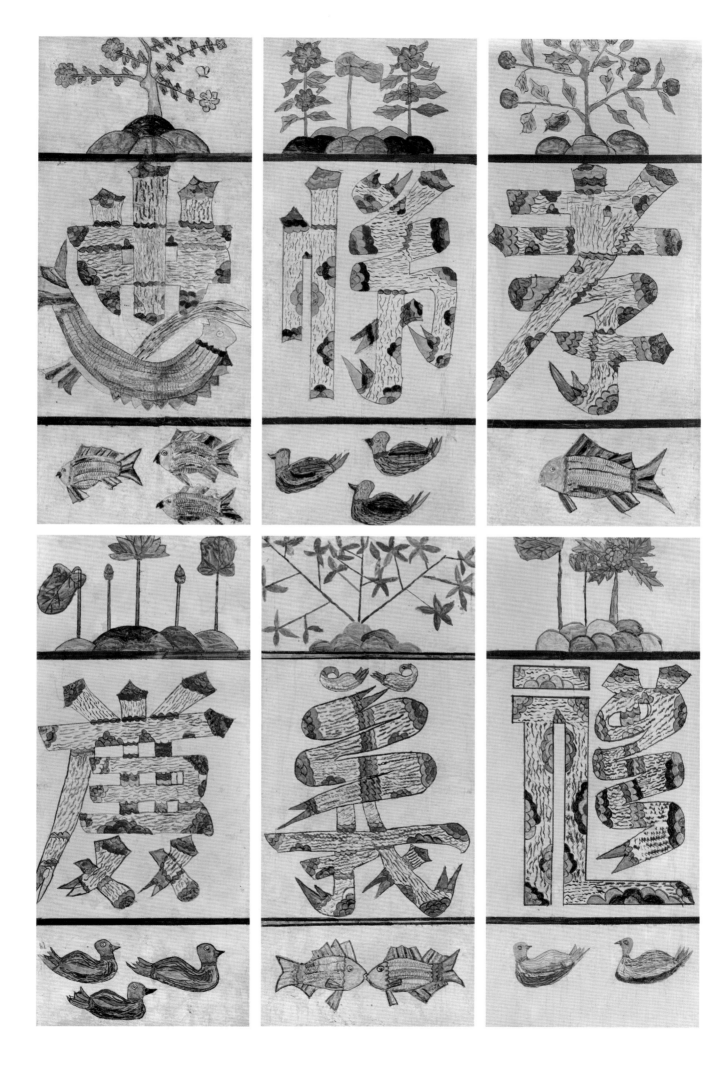

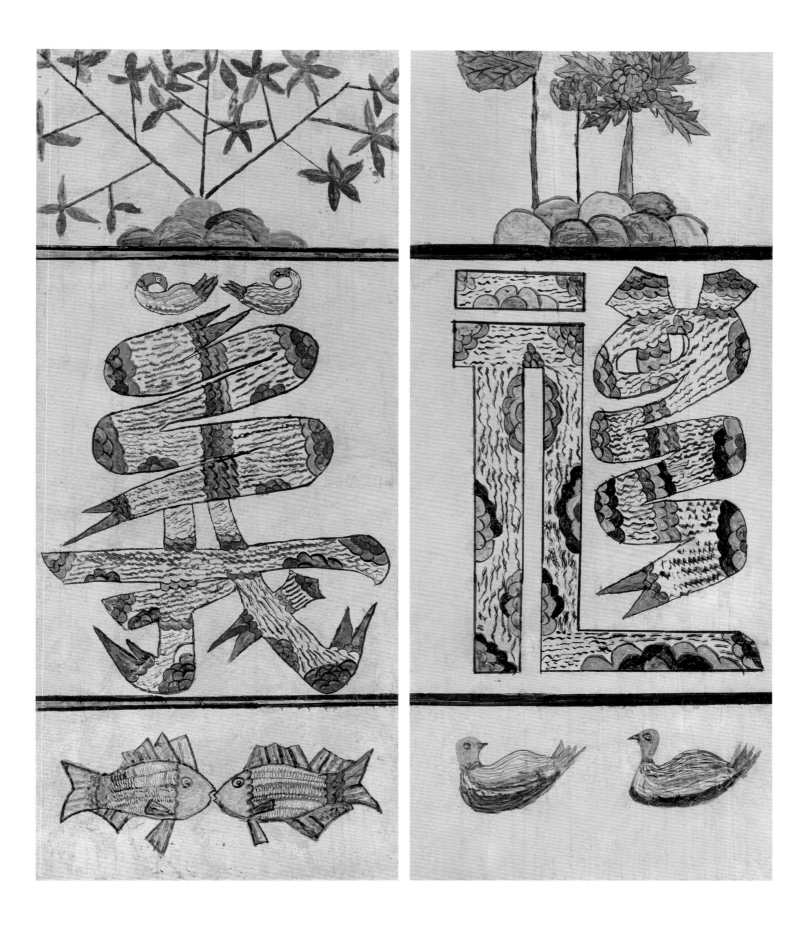

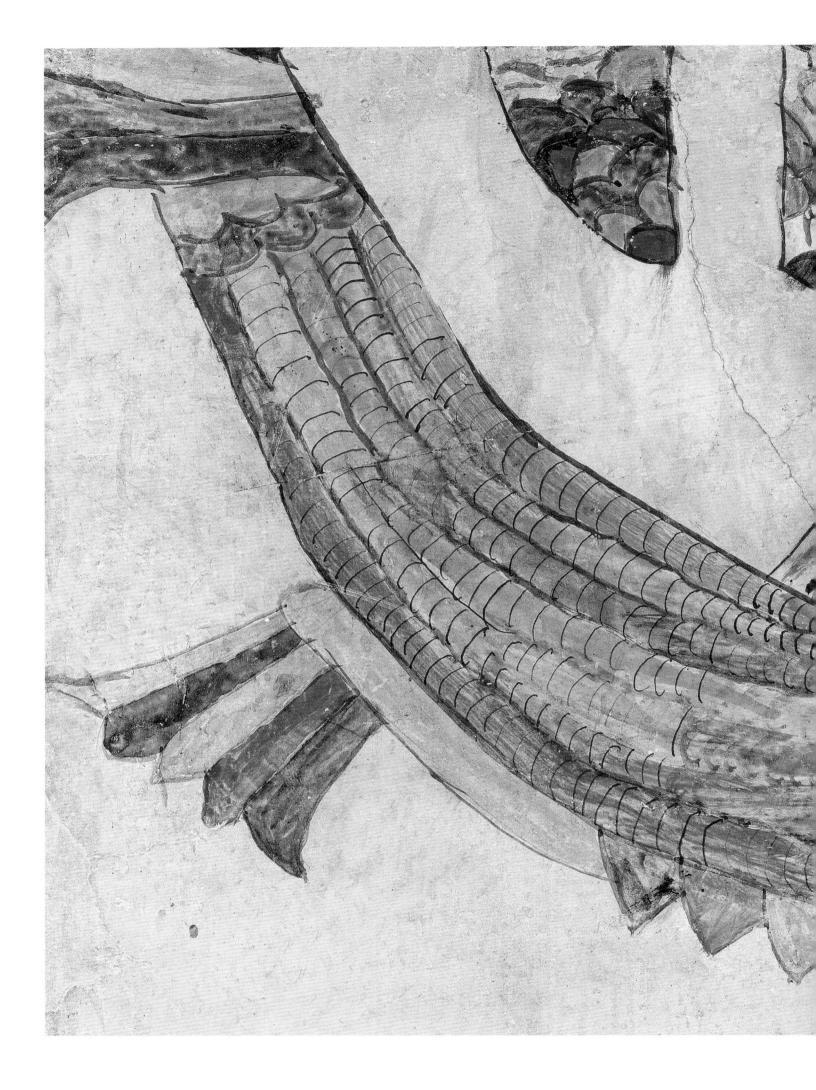

13
___

문자도
文字圖
Munjado, Ideographs

19세기 말 – 20세기 초 ｜ 8폭 병풍 ｜ 종이에 채색
각 73 × 32 cm

문자도의 형식을 따르되 기술적인 세밀함이나 내용상의 풍미는 찾아보기 어렵다. 솜씨를 지닌 화공이 아니라 일반 서민들이 필요에 의해 그린 것으로 추정되며, 느닷없이 튀어나오는 투박한 선들은 정제됨이 없기에 오히려 아이그림에 가까운 민화의 진정한 미감을 자아낸다.

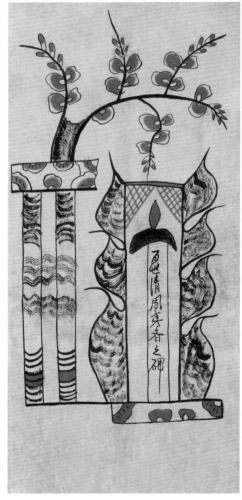

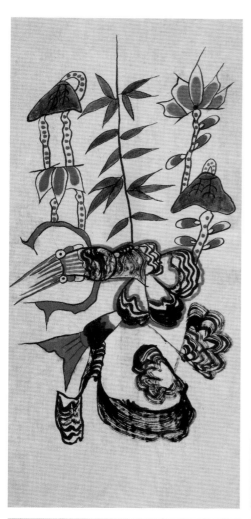

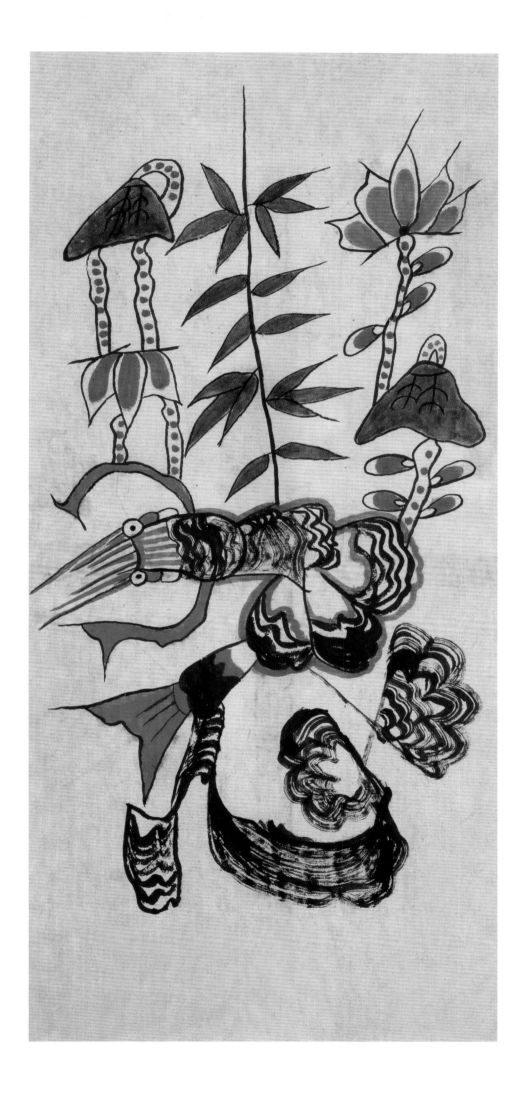

14

제주문자도
濟州文字圖
Jeju Munjado, Ideographs of Jeju

19세기 말 – 20세기 초 | 4폭 | 종이에 채색
각 87 × 40 cm

전형적인 제주문자도의 3단 구성방식을 독특하게 변형한 이 그림은
8폭 가운데 예·염·치 글자가 유실되어 되었다. 효·제·의 글자는 3
단으로 나눴으나 하단의 장식성을 강조하기 위해 상단의 크기를 줄
이고 일종의 패턴으로만 다뤄 글자의 의미내용을 안정감 있게 구성
했다.

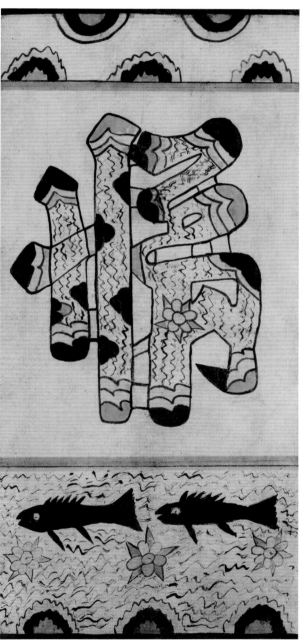
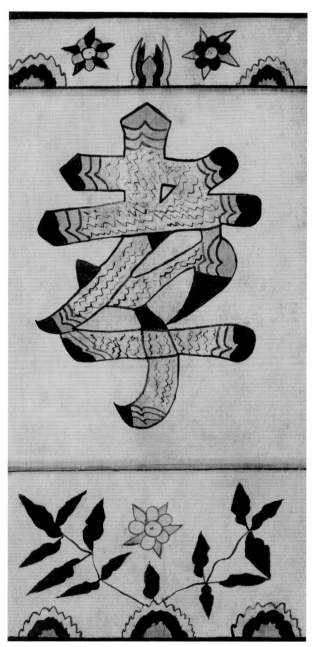

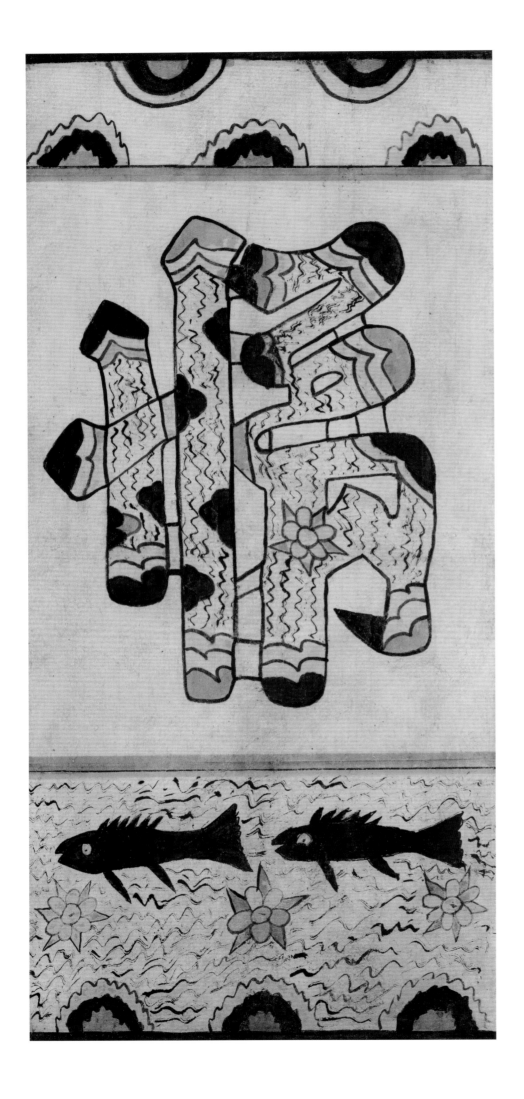

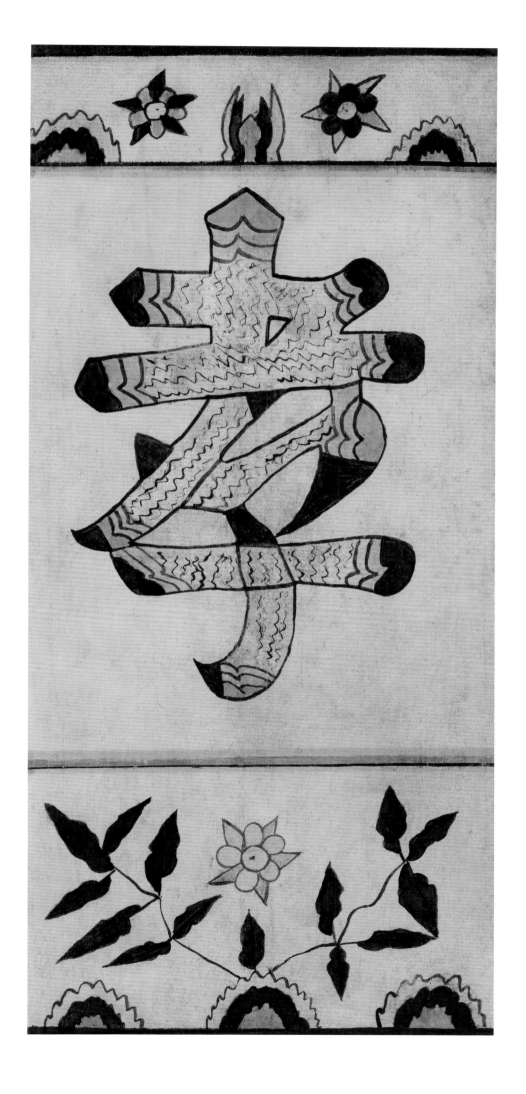

15

문자도
文字圖
Jeju Munjado, Ideographs of Jeju

19세기 말 – 20세기 초 | 8폭 병풍 | 종이에 채색
각 71 × 33 cm

문자별 상징을 정확하게 묘사하여 소박함보단 세련된 궁중화 같은
느낌을 보여준다. 동·식물을 적절히 구성한 상징표현과 화조와 정형
화된 패턴으로 자획 내부를 꾸민 뛰어난 조합은 장식적인 동시에 유
교적 규율을 잘 나타낸다.

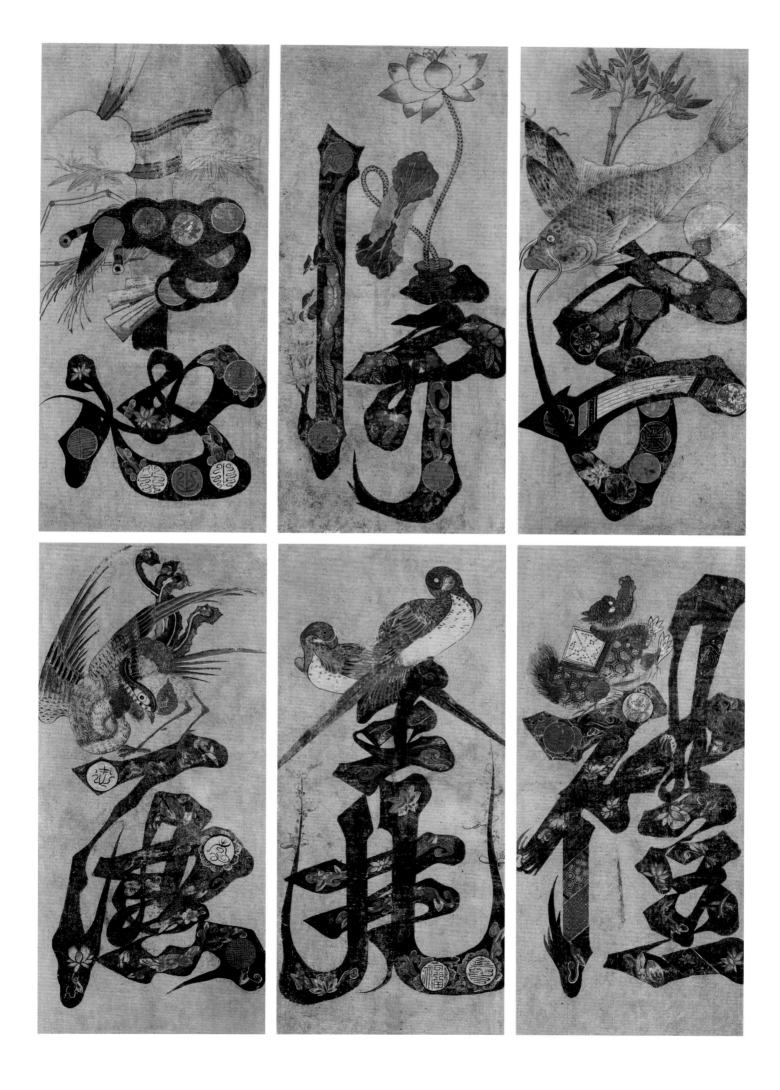

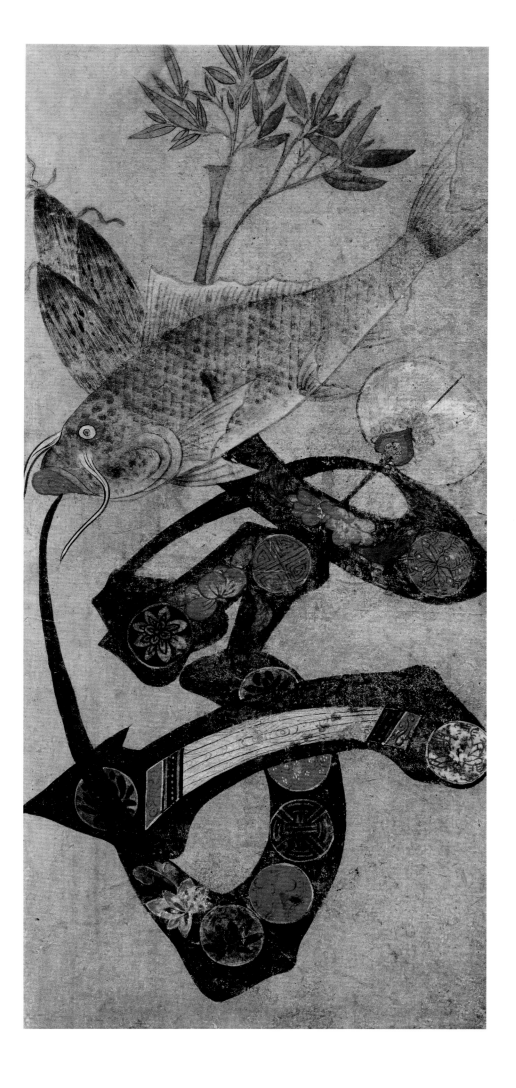

211

16

제주문자도
濟州文字圖
Jeju Munjado, Ideographs of Jeju

19세기 말 – 20세기 초 | 8폭 병풍 | 종이에 채색
각 78.5 × 59 cm

3단과 2단 구성이 조화를 이룬 제주문자도로, 효제충신예의염치 글
자 가운데 신자와 예자 상단에 2층의 사당그림이 글자와 균등하게
구성돼 있다. 나머지 문자는 보편적인 3단형식의 제주문자도를 따
르되 문자 양끝을 붉은 색으로 둥글게 장식한 것이 특징이다.

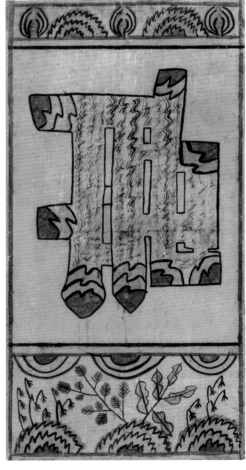

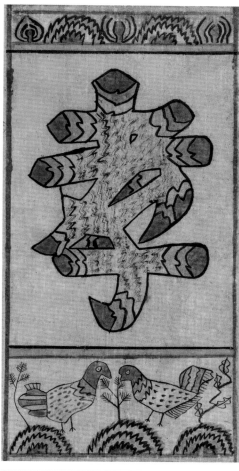

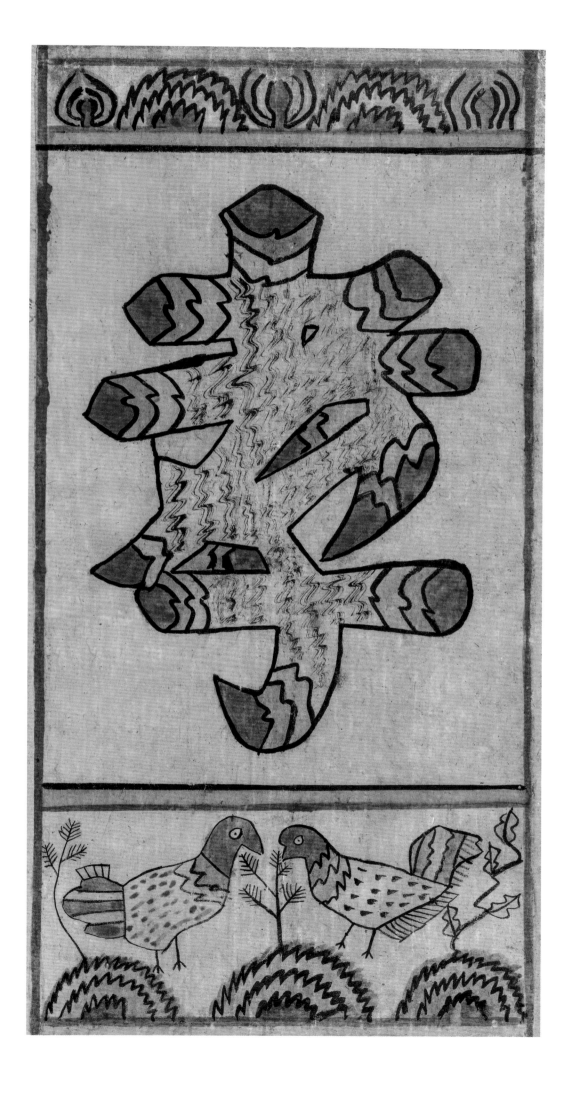

17

문자도
文字圖
Munjado, Ideographs

19세기 말 – 20세기 초 | 10폭 병풍 | 종이에 채색
각 81 × 32 cm

경상도 문자도와 유사한 형식을 띄지만, 서울에서 제작된 문자도가
단순화되어 지방으로 전해진 예도 다수 있으므로 단언하기 어렵다.
글자 내부에 꽃을 새긴 진한 검은색 초서의 글자가 화폭의 중심을
이루면서 상단에 상징그림들을 떠받치고 있는 형상이다. 원래 10폭
으로 제작되었다기보다 조상들의 생활 속에서 두 폭의 유사한 문자
도가 결합된 것으로 보인다.

234

18

문자도
文字圖
Munjado, Ideographs

19세기 말 - 20세기 초 ㅣ 6폭 병풍 ㅣ 종이에 채색
각 70 × 33 cm

8폭 가운데 염자와 치자가 빠진 6폭으로 이루어진 문자도로, 문자
에 녹아든 독창적 형상들은 100여년 이상의 세월 머금은 듯 종이와
일체를 이루면서 묘한 색채의 층차를 남긴다. 문자도의 인상을 보여
주는 작품으로 한번 접하면 잊혀지지 않는 깊은 매력을 지녔다.

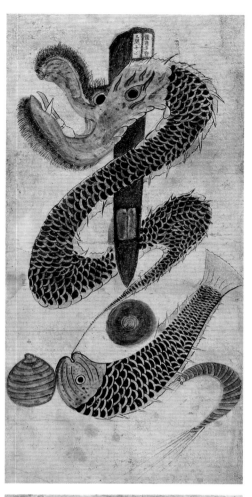  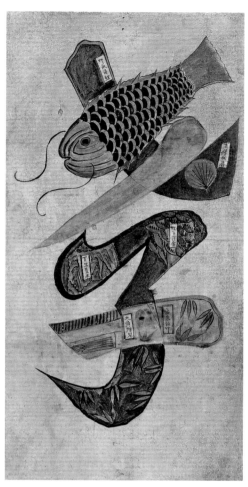

  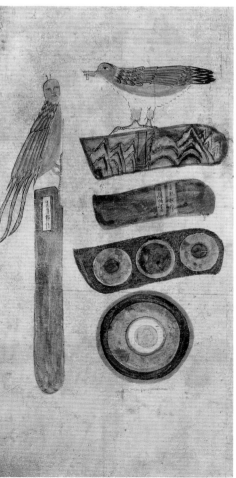

日暖風和宗植芳菲

鵜鶘在原

19

문자도
文字圖
Munjado, Ideographs

20세기 전반 | 8폭 병풍 | 종이에 채색
각 66 × 34 cm

문자에 담겨 있는 관련 고사들을 행초서의 글자 안에 표현한 문자
도로 하단에 산수도를 그리고 상단에 문자와 화제(畵題)를 배치한
서울 경기지방의 전형적인 구조를 보여준다. 하단에 배치된 산수도
를 곁들여 하부를 단단히 받친 후에 상단에는 관련 고사를 비뚤비
뚤한 민간화공의 서체로 써넣었다.

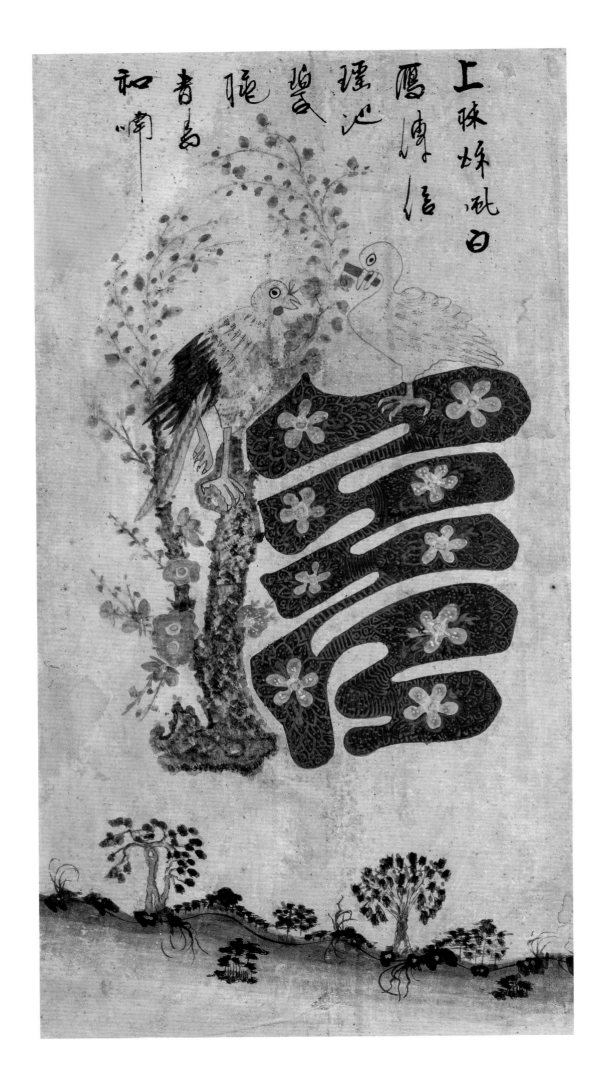

上睞姝訊曰
鵙傳信
理泚望
晚者為
和嘯

254

魚變來龍
蝦蛤同和 賀
此干
諫論
龍逢若
邑

256

洛龜負圖
王以卵
役
古州長氏
謝倫詩
十五

257

首春
梅月
寒皮
清節
緣之道
中
眼金玉
受

廣風空川
所延後
延棠
里孤蘭蘗
林戴弓

259

20

강원문자도
江原文字圖
Munjado, Ideographs

19세기 | 6폭 병풍 | 종이에 채색
각 135 × 30 cm

획 속에 다양한 고사를 그려 넣은 문자도는 시간이 흘러가면서 획 자체가 회화적으로 변모해 가는 것이 일반적 특징이다. 강한 채색과 특유의 화려함을 근간으로 강원도의 자연경관(산수), 화조, 책거리 등과 결합한 독특한 문자도가 강원문자도이다.

문자도: 제(悌), 부(富)
文字圖
Munjado, Ideographs: Je(Brotherly Love), Bu(Wealth)

19세기 말 – 20세기 초 | 종이에 채색
각 56 × 31 cm

형제간의 우애를 상징하는 제자와 신령스러운 거북이를 강조한 예
자가 굉장히 독특하게 표현된 그림이다. 구름과 꽃을 연상시키는 양
식화된 문양이 글자 안을 채우고, 상징도상과 글자가 하나의 기물처
럼 묘사된 예자는 어디서도 볼 수 없는 독특한 형상을 보여준다.

문자도의 오늘

여기 전통을 바탕삼아 문자도의 창의적 실험을 모색한 3인 3색의 작가들이 있다. 박방영, 손동현, 신제현은 소재주의로서의 형식이 아닌 '전통의 현대화'라는 창작과정 그 자체에 질문들을 던진다. 이들이 해석한 해학성과 자유로움은 창작과 모방의 경계를 넘나든다. 낯선 것들의 공유는 '묘한 사유의 이중변주'를 낳고 서구화된 현대미술의 공백을 매워주는 역할을 한다. 소통·해석·다각화 등 메타비평(meta criticism)의 영역에서 민화와 현대미술을 연계하는 시도는 민화가 '한국미술사의 가치 있는 페이지'로 거듭나는 계기를 마련할 것이다.

박 방 영

1957년 부안 출생. 홍익대학교 학부와 동대학원에서 서양화를 전공하고, Art Student League of New York에서 수학하였다. 서양화분만 아니라 전통 서예에도 관심이 많았던 박방영은 홍익대학교 대학원에서 동양화 박사과정을 수료한 후 서예의 필력과 정신성을 담은 작품을 선보이고 있다.

세한대학교 조형문화과 서양화 교수를 역임한 바 있으며, 2017년 《Bak Bang Young Exhibition》(Badisches Kunstforum, 독일), 2014년 《박방영의 '모검'》(전북도립미술관, 서울) 등 20여 회의 개인전을 개최했다. 2017년 《Festival Coree d'ici》(몽펠리에, 프랑스), 2016년 《백제의 재발견, 현대미술리포트》(전북도립미술관, 전북), 2016년 《전주 팔복예술공장 파일럿 전시》(팔복예술공장, 전주), 2013년 《대숲에 부는 바람 '풍죽'》(국립광주박물관, 광주) 등 국내외 단체전에 다수 참여하였으며, 2018년 전남국제수묵비엔날레 (목포), 2018년·2017년 세계서예전북비엔날레 (전주) 등 비엔날레에 참여하였다. OECD 프랑스 파리 사무국, 국립현대미술관, 서울시립미술관, 경기도미술관, 경기문화재단, 인천아트플랫폼, 인천시청, 전주팔복예술공장, 제주현대미술관 등 주요 기관에 작품이 소장되어 있다.

소락(笑樂)

2021, 장지에 혼합재료
140 × 73 cm

본향(本鄕)

2021, 장지에 혼합재료
141 × 374 cm

인연

2019, 장지에 혼합재료

200 × 290 cm

279

손 동 현

1980년 서울 출생. 서울대학교 미술대학 학부와 대학원에서 동양화를
전공했다.

손동현은 문자도, 산수화 등의 전통적인 소재와 대중문화, 그라피티와
같은 현대적인 주제를 결합시켜, 동양화의 관습적인 경계를 허물고 동시
대적으로 재해석한 작업을 선보여왔다. 2006년 《파압아익혼:波狎芽盆
混》(아트스페이스 휴, 서울)을 시작으로 2007년 《Logotype》(두아트
갤러리, 서울), 2010년 《island》(프로젝트 스페이스 사루비아다방, 서
울), 2012년 《Where Evil Dwells》(Aando Fine Art, 베를린), 2017
년 《Jasmine Dragon Phoenix Pearl》(송은 아트스페이스, 서울),
2021년 《이른 봄》(페리지 갤러리, 서울) 등 14회의 개인전을 개최했다.
국립현대미술관, 대구미술관, 서울시립미술관, OCI미술관, 제주도립미
술관, 전북도립미술관, 경남도립미술관, 두산갤러리 뉴욕 등에서 40여
회의 그룹전에 참여하며 작품 활동을 활발히 이어가고 있다.

손동현의 작품은 국립현대미술관, 대구미술관, 서울시립미술관, 송은문
화재단, 수원시립미술관, OCI 미술관 등의 중요 기관에 소장되어 있다.

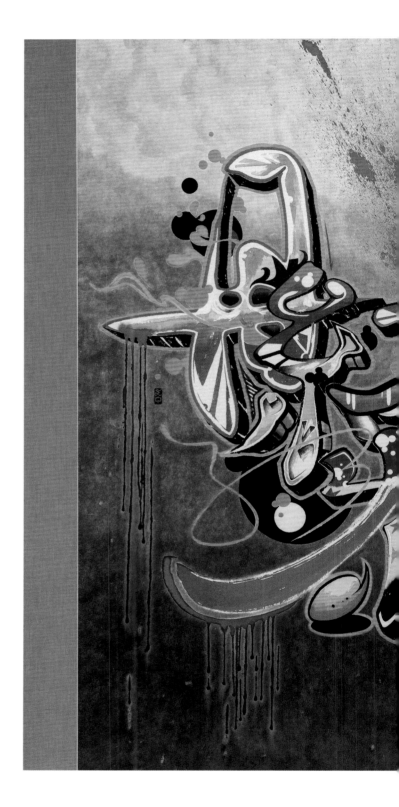

SCARLET CRIMSON

2019-2020, 종이에 먹, 잉크, 아크릴릭 잉크
130 × 194 cm

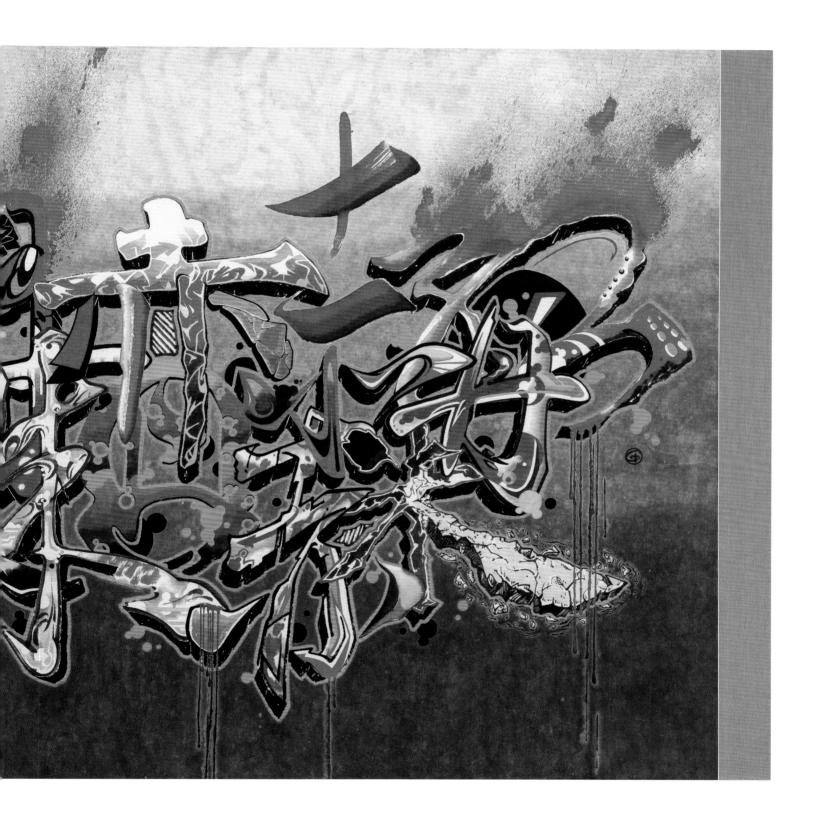

I.O.P.02

2019, 종이에 먹과 잉크

35 × 35 cm

I.O.P.21

2019, 종이에 먹과 잉크

41 × 32 cm

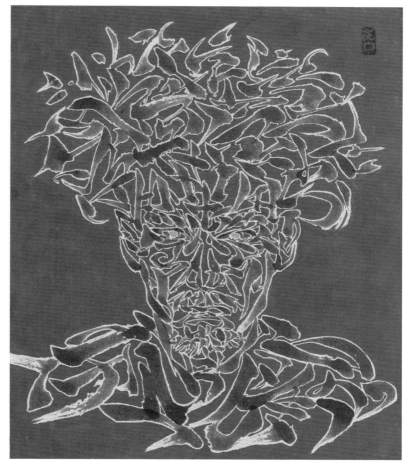

I.O.P.33

2019, 종이에 먹

53 × 41 cm

I.O.P.25

2019, 종이에 잉크

45.5 × 38 cm

I.O.P.04

2019, 종이에 먹과 잉크

35 × 35 cm

I.O.P.28

2019, 종이에 먹과 잉크

45.5 × 38 cm

I.O.P.37

2019, 종이에 잉크

53 × 41 cm

I.O.P.18

2019, 종이에 먹, 잉크, 아크릴릭 잉크

41 × 32 cm

신 제 현

1982년 출생. 성균관대학교 미술학과 학부와 동대학원 석사를 졸업했
다. 현재 동대학원 예술학협동과정 박사 중으로, 성균관대학교 미술학
과 겸임교수를 역임하고 있다.

신제현은 한국 사회에서 경험한 개인적인 사건과 아이러니한 지점들을
장기간 리서치하여 영상, 출판, 설치, 사진 등의 다양한 미디어로 풀어내
고 있다. 2010년 《Play mob》(아트스페이스 휴, 서울)를 시작으로,
2011년 《Arin Project》(인사미술공간, 서울), 2019년 《Text Scape》
(CR콜렉티브, 서울) 등 10회의 개인전을 개최하고, 국립현대미술관, 서
울시립미술관, 아르코미술관, 아트선재센터 등에서 50여 회의 기획전에
참여했다. 새로운 시간 철학으로 시계 만들기, 워크숍을 통해 옷 만들기
등 정치 사회적 문제를 다루거나 지역 특정적인 악기를 만드는 등 5~10
년간의 장기 프로젝트를 진행하고 있다.

최근에는 물리학자, 현대무용 안무가, 실험 음악가와 함께 다원 예술 퍼
포먼스에 집중하고 있으며, 다양한 교육 워크숍과 프로젝트를 통해 공공
미술, 커뮤니티아트, 교육에 관련된 일들을 하고 있다.

문자경(文字景)

2019, 캔버스에 아크릴, 투명 아크릴 판 위에 아크릴
100 × 50 cm

287

문자경(文字景)

2021
캔버스에 아크릴, 투명 아크릴 판 위에 아크릴
각 92 × 66 cm (8폭)

문자경(文字景)

2021, 3채널 비디오, 컬러, 사운드

1min 59sec

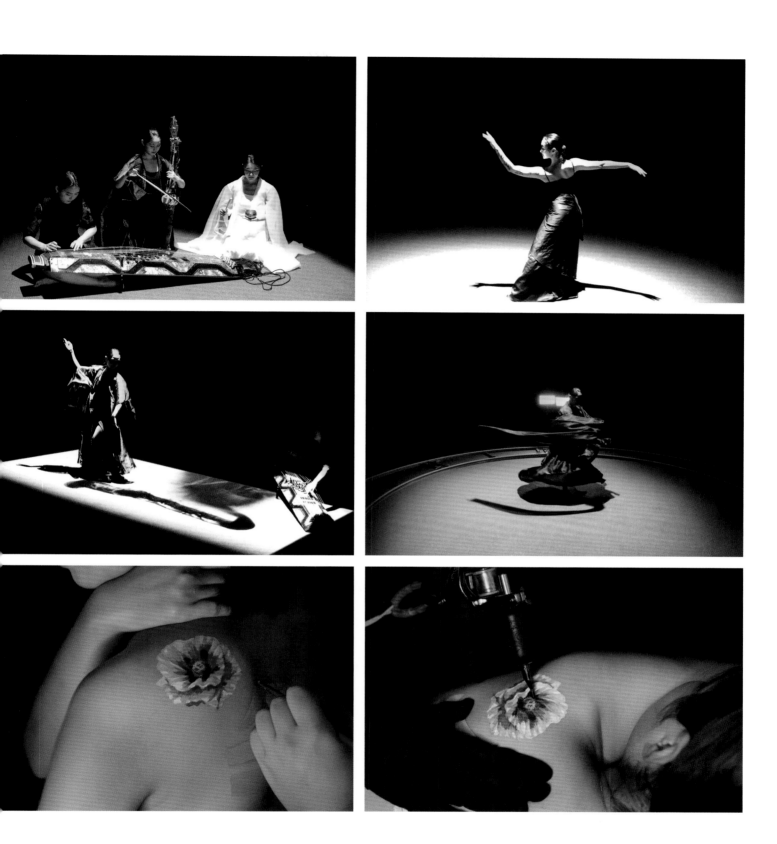

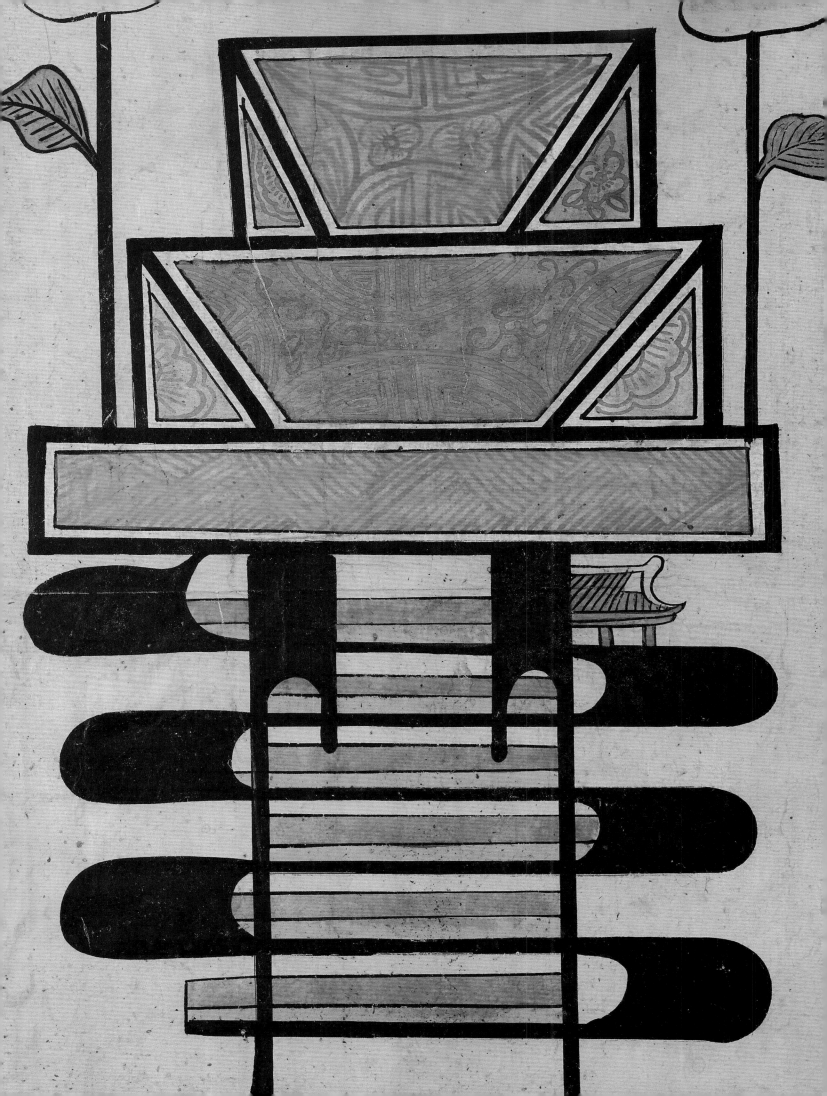

1. 문자도 文字圖 Munjado, Ideographs

19세기 후반 │ 8폭 병풍 │ 종이에 채색 │ 각 61×36cm
Late 19th c. │ Eight-panel folding screen; colors on paper │ 61×36cm (each)

지금까지 공개된 다양한 형태의 문자도 가운데 모던한 감각이 살아 숨 쉬는 세련된 형태의 대표적인 유교문자도이다. 김기창, 김종학 등 전통미감을 현대적으로 살린 대표 작가들이 소장했을 정도로 탁월한 회화미감을 보여준다. 문자도로 자획을 상형으로 꾸미던 전형적인 양식을 탈피하여 소재의 상징 내용보다 꽃의 장식성을 한 폭의 추상화처럼 단순화시켰다. 문자 내부에는 모란, 연꽃, 국화, 매화, 해당화 등 전통 꽃그림의 대표 상징들이 빠짐없이 표현돼 있어 '효제충신예의염치'라는 유교윤리를 아름답게 재구성하였다. 각 글자들은 전형적인 문자도와 달리, 도자기를 연상시키는 매끄러운 유엽전(柳葉箭)과 날렵한 건축물 같은 상방대전(上方大篆)의 전서를 조합하여 전통 시대의 조화로운 상상력을 시대를 관통하는 미감으로 구현하였다. 서민들의 자유로운 미감과 상상력이 반영된 본격적 민화시대의 수작으로, 저자의 이름은 알 수 없으나 당대 최고의 솜씨는 가진 천재 예술가의 작품으로 평가할 만하다.

2. 문자도 文字圖 Munjado, Ideographs

19세기 │ 8폭 병풍 │ 종이에 채색 │ 각 62×32.5cm
19th c. │ Eight-panel folding screen; colors on paper │ 62×32.5cm (each)

'효제충신예의염치'의 글자마다 유교의 설화와 고사가 충실하게 묘사돼 있는 전형적인 프로토타입(Prototype, 原型)의 문자도이다. 인간관계에 있어서 반드시 지켜야할 도리를 여덟 자의 그림문자에 새기는데, 효(孝)의 잉어·대나무·죽순·부채·거문고는 부모를 효도로 섬김을, 제(悌)의 할미새·산앵두나무는 형제와 이웃을 공경함을, 충(忠)의 새우·조개는 국가와 민족을 사랑하는 진실된 마음을, 신(信)의 청조와 기러기는 행동에 있어 신의가 있음을, 예(禮)의 책을 등에 진 거북이는 사람이 마땅히 지켜야 할 도리(道理)를, 의(義)의 두 마리 물수리와 연꽃은 사람으로서 지키고 행하여야 할 바른 의리를, 염(廉)의 모란을 문 봉황은 곧고 바른 청렴과 결백을, 치(恥)의 백이숙제와 매화는 욕된 것을 아는 부끄러움과 창피함을 표현하였다. 소재 하나하나에 상징과 스토리텔링이 접목되어 있기에 감성시대에 접어든 오늘날 많은 사람들에게 이해와 호감을 갖게 만드는 설득의 힘을 보여준다. 초서의 날렵함과 그림의 명확한 상징이 화면을 꽉 채운 구성은 사실성을 바탕으로 한 하모니즘의 추구라고 할 수 있다.

충(忠)자에서 추출하여 확대한 새우형상은 글자 속의 쏘가리와 원형을 그리며 어우러져 있어 '순환의 세계'관을 담는 듯 하다. 자세히 들여다보면 글자의 자획 속에 새우가 여유있게 움직이는 동세를 볼 수 있는데, 한 획 안에 모란도 같이 그려진 까닭에 만날 수 없는 동·식물의 조화를 민화적 상상력으로 구현하고 있다.

신(信)자의 하단을 확대한 이미지로 한 획 안에 노랑색과 붉은 색의 꽃이 쌍을 이뤄 그려지는데, 조감법을 사용한 듯 꽃을 본 방향이 제각각이다. 그 사이를 유유히 헤엄치는 물고기는 명확한 비늘표현, 사람을 의인화한 듯 익살맞은 눈과 입을 그려냄으로써 유쾌한 상상을 불어넣는다. 좌측에는 책갑을 쌓은 듯한 형상 안에 학과 건축물이 서구의 3차원적 모티브 를 흉내낸 듯 그려져 있다. 책갑 안을 가득 채운 다양한 형태와 패턴들은 현대 디자인에 활용되어도 손색이 없을 만큼 세련된 풍미를 자랑한다.

의(義)자의 상단을 확대한 것으로, 화조와 길상문양으로 포장된 계단형의 상자 위에 두 마리의 물수리새가 서로 마주보며 앉아있는 형상이다. 이들을 보좌하듯 양쪽을 대칭으로 나누는 연꽃은 다 피지 않은 채 형상의 간결함만으로 전체 구성을 길게 보이도록 유도한다.

글자의 자획을 한발로 지긋이 누르고 있는 봉황은 염(廉)자에서 따왔다. 이집트 고분벽화에서 보이는 '정면성의 원리'가 우측면의 얼굴과 몸통, 정면의 눈 표현에 드러나는데, 화려한 오  방색을 통해 자신만만한 형세가 더욱 강렬하게 표현된다. 몸체에 비해 다소 큰 모란꽃을 물고 있기에 지위를 가졌음에도 청렴결백해야 한다는 삼국사기의 '화왕계(花王戒)' 이야기를 되새기게 한다.

3. 문자도 文字圖 Munjado, Ideographs

19세기 말 - 20세기 초 | 8폭 병풍 | 종이에 채색 | 각 64×34cm
Late 19th - early 20th c. | Eight-panel folding screen; colors on paper | 64×34cm (each)

바르게 쓴 해서체의 문자 사이에 여러 고사와 설화를 가득 채운 색다른 형식의 문자도이다. 단정한 획 안을 꽉 채운 옛 이야기들은 상서로운 동물과 산수, 화조 등과 어우러져 조선시대 회화사를 통째로 녹여낸 듯하다. 해서의 글자 안에 인물화를 배치한 방식은 중국 소주(蘇州)의 형식과도 닿아있다. 하지만 한국특유의 스토리텔링과 미감들을 융합하여 뒤섞는 방식은 하이브리드와 다이나믹을 특징으로 하는 우리 미감의 활력을 상징한다고 하겠다. 18세기 유교문자도에 비해 더욱 대담하고 화려한 면모를 보이는데, 정교한 화법과 정감가는 스토리텔링은 풍속화의 다채로움을 경험한 어느 화공의 자유로운 상상력으로부터 비롯됐을 것이다.

제(悌)자의 하단을 확대한 그림으로, 형제간의 우애를 상징하는 활짝 핀 산앵두나무 꽃을 표현했거나, 삼국지에 나오는 유비·관우·장비가 도원결의를 뜻하기도 위해 매(梅)·죽(竹)·송(松) 등의 세한삼우(歲寒三友) 가운데 매화를 그렸을 가능성도 농후하다. 검은 색의 자획 안을 힘있게 채운 나뭇가지와 붉은 꽃의 강한 풍모는 당대 사람들의 굳은 심성과 결연한 의지를 표현한 듯하다. 회화사적으로 보자면 조희룡(趙熙龍)의 화려한 매화그림을 떠오르게도 하는데, 이는 그린이의 솜씨가 단순한 아마추어는 아니었음을 보여준다.

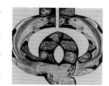

충(忠)의 하단을 확대한 그림으로, 일반적으로 등장하는 용 그림을 대신해 용문(龍門)을 향해 뛰어오르는 두 마리의 잉어를 그려 넣었다. 실제 글자 안에 그려진 두 마리의 잉어는 중앙을 향해 뛰어오르는 忠자 하단의 4획(心)과 닮았다. 강과 바다의 물고기들이 용문 아래에 모여드는 것은 과거시험을 뜻하고, 용문에 올라 용이 된 것은 등용문(登龍門; 과거합격)에 해당된다. 『산해경』 '해외서경(海外西經)'편에는 "북쪽 제옥(諸沃)의 들에 용어(龍魚)가 있는데 이 물고기는 물에서도 살고 언덕에서도 살며 그 모습은 잉어와 비슷하다. 신인은 이 물고기를 타고 어디든 날아다닌다." 고 적고 있어, 잉어가 용으로 변한다는 어변성룡(魚變成龍)은 이를 바탕으로 한 스토리텔링임을 짐작할 수 있다. 이러한 쌍어문은 주로 분청사기의 자유분방함 속에서 찾을 수 있는데, 어변성룡의 형태는 선비들의 행적과 연계된 연적(硯滴) 등의 문방구류에서 자주 발견된다.

신(信)자의 우측면을 확대한 그림으로, 대자(大字)의 글자 안에 고사인물도에 나오는 인물들이 묘사돼 있다. 그냥 보면 조선의 갓을 쓰고 풍류를 즐기는 선비들의 모습을 그린 계회도(契會圖)를 그린 듯 보이지만, 옳은 말 다해야 충신(忠臣)이라는 비간심(比干心)의 고사를 나타낸 것이다. 중국사를 다 뒤져보아도 왕에게 간언한 충신을 꼽자면 은나라의 마지막 임금인 폭군 주왕의 숙부였던 비간 만한 사람이 없다. 이 고사는 『사기』 〈은본기(殷本紀)〉와 〈송미자세가(宋微子世家)〉에 실려 있다. "도끼를 맞아서 죽는 한이 있어도 바르게 간언하고, 솥 속에 넣어서 삶아 죽인다고 해도 할 말을 다 한다면 이 사람이 바로 충신이다.(迎斧鉞而正諫 據鼎鑊而盡言 此謂忠臣也)"라는 뜻이다. 비간은 죽을 때까지 간언을 멈추지 않았는데, 주왕은 화를 내며 "성인(聖人)의 심장에는 구멍이 일곱 개나 있다고 들었다." 진짜인지를 확인하기 위해 심장을 해부했다는 무서운 설화다. 이 심각한 이야기가 풍류를 즐기는 계회도처럼 그려진 것은 민화의 해학적 측면과도 연결됐기 때문이다.

신(信)자의 좌측면을 확대한 우측의 비간 고사와 쌍을 이룬 그림으로, 두 마리의 용이 서로를 희롱하듯 하늘로 승천하는 모습을 그려 넣었다. 인간이라면 누구나 행복·안락·풍요 등 원하는 바를 누리려는 본능적 욕구를 가지고 있다. 용도 그러한 존재다. 나쁜 기운으로부터 복을 가져다주는 영수(靈獸)이면서도 인격화된 용왕으로 등장하기도 한다. 인간이 천리(天理)에 어긋나는 행동을 하면 시도 때도 없이 등장하는 용은 홍수와 가뭄을 일으키는 존재이다. 민화에 등장한 용은 신뢰와 성공이라는 양가적인 측면을 갖는다.

> "하늘이 무슨 사사로움이 있어서 그러하랴. 자못 우리들이 정치를 잘못한 것이 그 원인이라, … 그러나 하늘의 못[澤]은 오직 용왕의 주도하는 바라, 용왕의 간청이라면 하늘이 어찌 듣지 않으랴. 이때에 비를 얻는 것은 관리의 효험이 아니고, 바로 용왕의 공이다."

– 동국이상국전집 중에서

4. 문자도 文字圖 Munjado, Ideographs

19세기 중반 ㅣ 8폭 병풍 ㅣ 종이에 채색 ㅣ 각 90.2×34.2cm
Mid - 19th c. ㅣ Eight-panel folding screen; colors on paper ㅣ 90.2×34.2cm (each)

화려한 색채와 고사를 충실하게 반영한 이 작품은 구조적 안정감 속에서도 각 화폭이 지닌 꽃의 세련된 미감을 강조함으로써 보는 이들의 관심을 다른 화제의 민화로까지 확장시키는 힘을 지녔다. 밝고 긍정적인 느낌을 감각적으로 표현하면서도 유교이념을 전달하기 위한 설명적 모티브를 놓치지 않는 탁월함은 전형적인 유교문자도와 장식적인 문자도 사이를 넘나든다. 관례를 깨트리지 않으면서도 획마다의 독창성을 드러낸 까닭에 제작기법이나 조형성에서 뛰어난 격조를 드러낸다. 그린 이의 숙련함이 드러난 문자도로 창작자는 전문 화공이었을 가능성이 농후하다.

효(孝)자의 부분을 확대한 것으로, 해서(楷書)의 획 안에 거문고와 부채, 구름과 꽃문양이 다채롭게 장식돼 있다. 거문고는 조선 지식인의 사랑을 가장 많이 받은 악기로, 웬만한 선비들은 교양으로 연주했을 정도였다. 그 명칭에 대해 『삼국사기』는 "그 때에 검은 학이 날아와 춤을 추었다. 이로 인해 그 이름을 현학금(玄鶴琴)이라 하였고, 뒤에 현금(玄琴)이라 하였다."라고 전한다. 죽순·부채·거문고는 모두 효를 실천한 특정인물과 관련되는데, 부채는 중국 한나라 때 황향(黃香)이 효성이 지극하여 더울 때는 부모가 누울 베개를 미리 부채질하여 시원하게 하였다는 이야기를 담고 있다. 거문고는 중국 고대 순(舜)임금을 상징하는 도상인데, 순임금은 평소 음악을 좋아하고 거문고를 잘 탔으며 특히 효성이 지극했다고 한다. 순의 아버지는 눈 먼 장님 고수였고 어머니는 계모였으며 이복동생 상이 있었는데, 순이 어렸을 때 온 식구가 학대하고 괴롭혔지만 마음씨 착한 순은 부모님을 잘 봉양하고 이복동생에게도 우애를 다했다고 한다. 그래서 효자에 나타난 거문고는 효성이 지극한 순임금의 효성을 상징한다.

5. 문자도 文字圖 Munjado, Ideographs

19세기 말 - 20세기 초 ㅣ 8폭 병풍 ㅣ 종이에 채색 ㅣ 각 54×35cm
Late 19th - early 20th c. ㅣ Eight-panel folding screen; colors on paper ㅣ 54×35cm (each)

동식물의 캐릭터가 개성있게 분출된 작품으로, 각 소재와 문자가 대등하게 표현되어 문자도의 상징성이 간결하

면서도 명확하게 맞아떨어진다. 현대 디자인의 모티브와 비견해 보아도 어색함이 전혀 없다. 임금에게 신하가 충성하는 새우의 모습이 대나무와 어우러진 충자, 봉황과 함께 등장한 거북이가 인사를 하는 듯한 예자, 한 쌍의 사슴과 어우러진 개의 믿음직한 표현을 담은 염자, 토끼가 불사약을 만드는 재밌는 광경을 그린 치자 등은 기존 스토리텔링에서 보기 어려운 자유분방한 공존을 보여준다. 문자 내부에 자리 잡은 꽃과 나무의 의기로운 표현 역시 남도지방 특유의 독특한 장식을 드러내며 소박한 해학미를 표출한다.

6. 제주문자도 齊州文字圖 Jeju Munjado, Ideographs of Jeju

19세기 말 – 20세기 초 ｜ 8폭 병풍 ｜ 종이에 채색 ｜ 각 94.5×34.5cm
Late 19th – early 20th c. ｜ Eight-panel folding screen; colors on paper ｜ 94.5×34.5cm (each)

복잡한 듯 하면서도 치밀하고, 자유로운 듯 하면서도 조화로운 이 작품은 효제충신예의염치라는 유교윤리와 제주도 자연의 변화무쌍함을 비교적 차분한 색조로 표현한다. 상단에는 효와 제자를 쌍으로 하여 줄기식물이 바람따라 그림내부를 향하고, 단층으로 구성된 사당은 충자에만 배치되어 조상을 향한 봉안을 의미하는 신자와 의자의 촛대와 함께 구조적 단순함을 꾀한다. 3단 구조가운데 상단에는 주로 식물들이 묘사되었고, 하단에는 하늘·땅·바다를 아우르는 새와 식물, 두 마리씩 짝을 이뤄 유영하는 물고기들이 종합적으로 배치되었다. 여덟 자의 글자들은 자획 끝을 엷은 오방색으로 장식하였고 그 모양은 새의 주둥아리를 모티브로 삼았다. 효와 충을 제외한 모든 글자엔 제주에서 볼 수 있는 꿩과 오리 등의 새를 그려 넣었고, 글자 안의 여백은 분청사기의 인화문(印花文)을 옮겨놓은 듯이 자잘한 점묘로 물결문양을 표현하였다.

오리를 표현한 그림은 효(孝)자와 제(弟)자인데, 특이한 요소들과 결합한 것이 제자 하단에 있는 그림이다. 흙무덤 위로 나오는 각기 다른 줄기식물과 꽃이 오리가 걸어가는 방향으로 점점 커지는 형상으로, 선묘로 이루어진 줄기식물과 헤엄치듯 물갈퀴를 힘차게 펼쳐낸 오리의 유영이 바다와 육지를 하나의 세계관 속에서 보여준다. 실제 다른 화폭과 달리 오리와 물고기가 등장하는 하단에만 여백 사이로 물결형상을 그려 넣었다. 특히 우측 하단의 흙무덤에는 꽃이 아닌 여의주를 닮은 독특한 대상을 배치했는데, 같은 형상이 치(恥)자의 2단 글씨 하단에도 함께 등장한다.

충(忠)자의 상단을 그린 사당 그림으로, 건물 양측을 장식한 식물들은 수직상승하게 그려짐으로써 하늘과 맞닿으려는 당대인들의 바람을 담은 듯 보인다. 유교의 제사 공간인 사당을 그린 감모여재도(感慕如在圖)를 축소한 형태로 조상신을 받드는 후손의 효성 어린 마음을 표현한 종교적 바람을 담았다. 조선은 성리학을 통치이념으로 삼고 유교식 의례를 제도로 삼아, 조상의 신주(神主)를 모시는 사당을 중요하게 여겼다. 경제적 여유가 있는 사대부들은 별도로 사당을 지어 신주를 모시고 제사를 지낼 수 있었지만 서민들은 사당을 지을 여유가 없었다. 사당대신 감모여재도에 조상의 지방을 붙이

고 제사를 지내면서 조상 숭배에 대한 열망을 충족시킬 수 있었기에, 제주문자도의 중요한 도상으로 기능한 것으로 추측된다.

7. 제주문자도 齊州文字圖 Jeju Munjado, Ideographs of Jeju

20세기 전반 | 8폭 병풍 | 종이에 채색 | 각 107×37cm
First half of 20th c. | Eight-panel folding screen; colors on paper | 107×37cm (each)

고려청자의 비색을 문자도로 옮겨오면 이와 같을까? 세월의 흔적 때문에 바래긴 했으나 푸른 색의 시원한 미감을 자랑하는 이 작품은 하늘의 색이라는 비취의 풍미를 제주문자도로 새겨넣은 듯한 독특한 작품이다. 우리는 세상에서 가장 값진 것, 가장 귀중한 것, 또는 가장 가치 있는 것을 어떤 단어로 표현할 수 있을까? 청자의 비색은 전통적인 회유기술을 바탕으로 하여 중국 기술의 도입과 우리만의 독창적인 미감을 통해 완성됐다. 그러하기에 제주문자도에서 비색이 발견되는 것은 굉장히 독특한 예이다. 글자의 미감을 강조하기 위해 획의 끝을 먹으로 강하게 둘러쳤음에도 두 폭이 한 세트처럼 4개의 패턴으로 구성된 탓에 강함 사이에 유연한 미감을 흐른다. 상단은 식물을 중심으로 이루어졌으나 두폭의 사당과 효자에만 두 마리의 새가 춤추듯 앉아있다. 표구가 오래된 병풍으로 제자를 효자 앞에 두어 '형제 사이의 우애'를 무엇보다 강조한 것으로 보인다.

 충(忠)자와 신(信)자 하단과, 효(孝)자 상단에 동일하게 그려진 도상으로, 새의 종류는 확실치 않지만, 상징을 담는 민화의 특성상 길함을 상징하는 두 마리의 기러기가 서로를 바라보며 춤을 추는 듯한 모습이다. 실제 생김새는 학을 닮았으나 문인의 덕목을 상징하는 학이 문자도에 등장하는 경우는 많지 않다. 어린아이가 장난을 치는 듯한 모양새에 새의 얼굴은 모두 다른 모양새를 하고 있다. 갈대와 기러기를 의미하는 한자 '노안(蘆雁)'은 '노후의 평안(老安)'과 음이 같아, 조선 말기부터 근대에 이르기까지 선물용 그림의 소재로서 큰 인기를 끌었다.

염(廉)자 하단을 장식한 신묘스러운 그림으로 확대해서 따로 떼어놓고 보면, 현대미술가의 퍼포먼스가 지나간 흔적으로도 보인다.  쓱 그어낸 뻣뻣한 갈필(渴筆)의 일필휘지 안에 신령스러운 고목(古木)의 느낌도 묻어난다. 죽 뻗었고 사선으로 확 내려온 가지들이 대조를 이루면서 사악한 기운을 물리치는 느낌을 준다. 이 그림을 보면 버드나무의 신령함을 노래한 정약용(丁若鏞)의 시 〈수류(隨柳)〉가 떠오른다. "사악한 기운을 물리치는 버드나무 같은 느낌이다. 늘어진 수많은 버들가지, 가지가지 푸른 봄을 만났네. 늘어진 실가지 봄비에 젖으면, 사람의 마음을 흔들어 놓는구나. (楊柳千萬絲 絲絲得靑春 絲絲霑好雨 絲絲惱殺人)"

8. 제주문자도 齊州文字圖 Jeju Munjado, Ideographs of Jeju

20세기 전반 | 8폭 병풍 | 종이에 채색 | 각 88.5×48cm
First half of 20th c. | Eight-panel folding screen; colors on paper | 88.5×48cm (each)

제주문자도 특유의 3단 구성이 눈길을 잡아끄는 이 작품은 꽃과 2층 사당, 식물과 새, 일월과 대나무, 모란과 색, 황색과 적색모란으로 상단을 꾸미고, 효제충신예의염치 여덟 자 안을 화조(花鳥)·초충(草蟲)·물고기 등으로 꾸며 형식의 화려함을 재단했다. 물고기와 대화하는 듯한 충자의 새는 글자를 장식한 화훼초충도와 획 사이를 날아다니면서 제주가 지닌 섬의 자유미감을 표출하고 있다. 하단에는 제주도의 바다를 상징하는 물고기들이 따로 혹은 함께 어우러져 화폭 안을 자유롭게 유영하며, 양 끝단에는 각각 나비와 모란을 새와 함께 배치해 화폭 중간의 주가상(酒架床), 초충도 등과 어우러지게 했다. 오방색을 크레용으로 끄적거려 놓은 듯한 제주도 특유의 천진난만함을 구조적 안정감 속에서 보여주는 빼어난 작품이다. 해서체의 자유로운 변용을 통해 육지 문자도에 비해 형식의 독특함을 추구하고 있으며, 오방색을 다채로운 변용을 통해 사물과 문자를 대등한 듯 다르게 배치한 선적 예술의 극치를 보여준다.

하늘과 바다를 잇는 섬 제주의 자연적인 모티브를 새와 물고기라는 단순한 소재로 구현해냈다. 다른 방향을 보는 새의 미감은 암수(雌雄) 혹은 음양의 조화를 보여준다. 새를 둘러싼 식물의 패턴화는 단순하면서도 소박한 제주사람들의 심성과 닮았다. 하단의 물고기는 비늘과 꼬리, 이들을 연결하는 강렬한 붉은 색의 개입으로 마치 표현주의 작가의 강렬한 터치를 보는 듯 자유로우면서도 신선하다. 여백을 유유히 헤쳐 나가는 물고기의 모습 속에 문자도를 뚫고 나온 창작자의 아이디어가 살아 숨 쉰다.

민화는 대부분 대칭을 맞추거나 암수가 함께 노니는 장면을 좋아한다. 좋은 기운을 담다 보니 흥이 저절로 생기는 탓이다. 상단의 노란색 꽃은 잎에 세 개의 발을 가진 것으로 보아 모란이다. 향이 없다고 알려진 모란이지만, 양 옆으로 화려한 색채의 나비가 본래보다 훨씬 크게 확대되어 날아든다. 상상력의 극대화는 민화의 상상력에 한계가 없음을 보여준다. 하단의 제수상(祭羞床)은 고려청자에서 흔히 보이는 참외모양병과 주전자 형태를 차용하면서도 풍요를 상징하는 모란을 오방색과 어우러지도록 시문했다. 풍요로운 삶을 향한 제주사람들의 희망을 담은 것이다.

모란과 국화 사이로 한 마리의 나비가 유유히 날아든다. 상단의 서로를 마주보는 새의 모양새를 보니 질투가 난 모양이다. 의인화한 동·식물 표현이 유교문자도의 무거움을 덜어내어 민화와 일상과 소통하게 만든다. 부귀화(富貴花)라고도 불리는 모란은 부귀를, 청초한 모습을 잃지 않는 국화는 길상과 상서로움을 상징한다. 이 사이를 오가는 나비는 춥고 황량했던 겨울을 지나 만물이 생동하는 계절에 찾아오는 봄을 상징한다.

9. 문자도 文字圖 Munjado, Ideographs

19세기 말 – 20세기 초 | 4폭 | 종이에 채색 | 각 101×39.7cm
Late 19th – early 20th c. | Set of four framed paintings; colors on paper | 101×39.7cm (each)

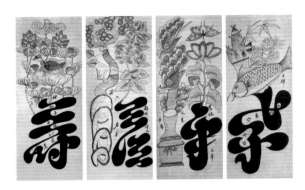

유교문자도의 8폭 가운데, 효(孝)·제(悌)·충(忠)·예(禮) 네 자만을 족자 형태로 갖춘 독특한 형식의 작품이다. 잉어·할미새·용·거북이 등의 상징 그림을 붉은색과 옅은 푸른색으로 표현하고 획을 단순화시켜 일반 문자도에서 볼 수 없는 자유로운 상상의 세계를 구현하였다. 신화적 상상력과 현실적 유교의식을 결합한 이 그림의 발견되지 않은 네 폭과의 만남이 기다려지는 작품이다.

용을 그린 충(忠)자는 국립중앙박물관이 소장한 투루판 아스타나(阿斯塔那)의 묘실천정에 부착돼 있던 창조신 복희여와(伏羲女媧)를 떠오르게 하는데, 땅의 기운을 끌어올려 하늘로 승천하는 듯한 폭발적인 에너지가 초서 형식의 자획과 어우러져 묘한 생동감을 드러낸다.

예(禮)자의 거북이는 연꽃 사이를 휘저으며 어딘가로 소풍을 가는 듯한 신나는 발걸음을 보여준다. 이전까지 본적이 없는 상상의 동물 현무(玄武)를 어린아이 같은 상상력으로 단순화시킨 느낌이다.

10. 문자도 文字圖 Munjado, Ideographs

19세기 | 2폭 족자 | 목판화 | 각 72×40cm
19th c. | Set of two framed paintings; woodcut | 72×40cm (each)

힘있는 획으로 내려 그은 유교문자도로 8폭 가운데, 의자와 염자만이 족자형태로 남아있다. 대량생산을 통한 윤리의식을 널리 배포하기 위해 판화로 찍었으며, 도상보다 의미내용을 강조하기 위해 자획의 흐름을 해서체로 큼직하게 새겨 넣었다. 염자는 훼손이 심해 글자 안의 도상이 명확하지 않지만, 의자는 뿌리를 살린 꽃나무와 획의 상단을 장식한 새들의 날개 짓이 작게 그려넣은 산수와 사당 표현과 더불어 은은하게 어우러진 세련된 작품이다.

의(義)자 안에 새겨진 독특한 도상 아래에는 주무왕(周武王, ?~BC 1043)이라는 글자가 또렷이 묘사돼 있다. 무왕은 주나라의 제1대 천자로, 정의롭고 유능한 지도자로 알려져 있다. 주(周)나라는 공자가 문물을 정리한 주요한 공간이었고, 공자가 살던 지방국 노(魯)나라는 주나라 천하의 제후가 관할하는 공간이었다. 주나라의 근간을 조선건국의 테제로 삼았기에 주무왕의 사당을 그려 넣은 것은 유교국가로서의 통치이념을 문자도 안에 강하게 드러낸 것이다.

11. 백수백복도 百壽百福圖 Characters for Longevity and Fortune

1894 | 10폭 병풍 | 종이에 채색 | 각 90.5×31.5cm
1894 | Ten-panel folding screen; colors on paper | 90.5×31.5 (each)

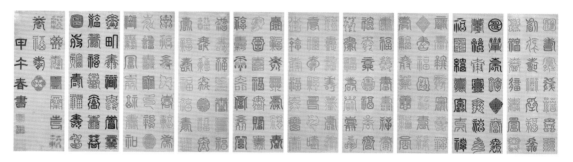

백수백복도는 전서체로 복(福)자와 수(壽)자를 여러 모양으로 도안하여 100번을 반복해서 구성한 그림으로, 민화 문자도의 전형적인 양식을 보여준다. 10폭으로 이루어진 이 병풍은 기존의 다른 백수백복도보다 모던한 파스텔 톤을 폭마다 다르게 구성하였고, 작가와 제작연대, 제작지를 명확하게 밝힌 민화사에서 중요한 획을 긋는 작품이다. 각 글자들은 수복을 상징하는 동물이나 기물을 기하학적으로 도안해 그려 장식성 뿐 아니라 수복의 상서로운 의미를 나타낸다. 색판화의 느낌을 강하게 주고 있으나 실제 그린 것으로도 보인다. 글자를 이용해 뜻을 전달하는 것과 더불어 회화로서도 완성도가 높다. 갑오개혁이 일어난 1894년에 쓰인 '갑오춘서(甲午春書)'라고 적힌 연대가 분명한 백수백복도로, "조선의주에 사는 장인선이 삼가 본뜬다(朝鮮義州張麟善謹摸)"라는 주문방인과 "본관이 화산, 자가 서백, 호가 용산(本花山字瑞伯號龍山)"이라는 뚜렷한 방인이 찍혀 있다.

정병모 교수에 의하면, 고종 10년(1873) 식년시 결과를 기록한 『숭정기원후4[5]계유식사마방목(崇禎紀元後四[五]癸酉式司馬榜目)』에 장인선의 형인 장홍선(張鴻善)이 사마시에서 생원으로 합격한 기록이 전한다. 여기에 부친은 진사를 한 장효건(張孝鍵)이고, 첫째가 장인선, 둘째가 장홍선, 셋째가 장봉선(張鳳善), 넷째가 장갑선(張甲善)이며, 본관은 안동이고 거주지가 의주라고 나온다. 화산은 경상북도 안동시의 풍천면 병산리에 있는 산이므로, 본관이 안동인 것이다. 의주는 평안북도의주군(義州郡)으로 압록강변에 위치해 있다. 1888년 장홍선은 감찰의 벼슬을 했다고 『승정원일기』에 기록되어 있다. 감찰은 관리들의 비위 규찰, 재정 부문의 회계 감사, 의례 행사 때의 의전 감독 등 감찰 실무를 담당하는 정6품의 벼슬이다.

12. 제주문자도 齊州文字圖 Jeju Munjado, Ideographs of Jeju

19세기 말 – 20세기 초 ｜ 8폭 병풍 ｜ 종이에 채색 ｜ 각 107×46cm
Late 19th – early 20th c. ｜ Eight-panel folding screen; colors on paper ｜ 107×46cm (each)

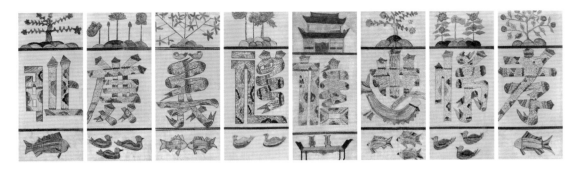

육지의 유교문자도의 효자가 잉어·죽순·부채·거문고 등을 표현한 것과 달리, 이 작품에서는 홍시가 달린 감나무(혹은 귤이 주렁주렁 달린 나무)가 무덤을 닮은 둥근 동산 위에 표현돼 있다. 효제충신예의염치의 글자들은 모두 물결의 흐름을 보여주는 파도문과 오방색의 단청과 더불어 얇은 외곽선의 선묘로 구성돼 있다. 효제충신과 예의염치가 대칭을 이루며 표현된 하단의 동물들이 서로를 마주보는 모양새를 하고 있다. 제주라는 천혜자연의 풍미를 하단에는 동물, 상단에는 식물로 나누어 배치시킴으로써 3단 구성을 이룬 제주문자도 가운데 개성어린 세련미를 구현하는 작품이다. 특히 신자 위에 그려진 2층의 사당그림은 다른 제주문자도와 비교했을 때 상당히 견고하면서도 세밀하다. 제주문자도는 육지에서 파견된 벼슬아치(지방관)나 유배 온 이들, 육지와 제주를 오가는 유생 등에 의해 전파됐을 것이다. 그럼에도 구조적 측면에서 볼 때 지역성을 가미한 토착화로 개성적인 면모를 갖추게 된다. 3단 구성에서 오는 묘미는 천지합일을 '탐라'라는 땅에서 구현한다는 공동체적 욕망의 투영으로 볼 수 있다.

13. 문자도 文字圖 Munjado, Ideographs

19세기 말 – 20세기 초 ｜ 8폭 병풍 ｜ 종이에 채색 ｜ 각 73×32cm
Late 19th – early 20th c. ｜ Eight-panel folding screen; colors on paper ｜ 73×32cm (each)

붉은색과 푸른색을 농담표현 없이 자유롭게 그어낸 펜화 같은 느낌의 장식그림이다. 그럼에도 글씨를 장식한 상징 그림들은 뛰어난 현대미술가들의 즉흥적인 드로잉 같다. 효자의 물고기가 내뱉는 두 줄의 긴 선은 글자의 상징을 확산시키는 역할을 한다. 제자의 경우, 새보다 꽃을 더 크게 놓아 장식적 요소를 확장시켰다. 시경(詩經) 소아(小雅)편에 나오는 옥매화를 그린 것인데, 옥매화는 줄기가 많이 우거져서 꽃을 잘 피우기에 형제의 우애가 좋아야 번창한다는 의미로까지 이어진 것이다. 각 폭마다 자리한 긴 가지들은 주렁주렁 매달린 열매, 꽃과 더불어 상승하는 이미지를 구현한다. 문자도의 형식을 따르되 기술적인 세밀함이나 내용상의 풍미는 찾아보기 어렵다. 솜씨를 지닌 화공이 아니라 일반 서민들이 필요에 의해 그린 것으로 추정되며, 형식상의 상징들을 갖추어 표현했으나 강약 없이 이어진 글자와 그림들은 상상력과 창의력에 있어 타의 추종을 불허한다. 느닷없이 튀어나오는 투박한 선들은 정제됨이 없기에 오히려 아이그림에 가까운 민화의 진정한 미감을 자아낸다.

14. 제주문자도 齊州文字圖 Jeju Munjado, Ideographs of Jeju

19세기 말 – 20세기 초 ㅣ 4폭 ㅣ 종이에 채색 ㅣ 각 87×40cm
Late 19th – early 20th c. ㅣ Four-panel folding screen; colors on paper ㅣ 87×40cm (each)

전형적인 제주문자도의 3단 구성방식을 독특하게 변형한 이 그림은 8폭 가운데 예·염·치 글자가 유실되어 전한다. 효·제·의 글자는 3단으로 나눴으나 하단의 장식성을 강조하기 위해 상단의 크기를 줄이고 일종의 패턴으로만 다뤄 글자의 의미내용을 안정감 있게 구성했다. 하단의 반원형 무늬 위엔 단순화된 식물문양이 독특한 물고기와 함께 어우러진다. 충·신의 경우 2단으로 구성했는데, 그림과 글자를 동일한 크기로 구성해 병풍 내부에서의 다채로움을 꾀했다. 상단엔 2층 사당이 화병에 꽂은 꽃과 더불어 표현했고, 각 글자들은 자획을 단순화시켜 글자의 끝만 강조해 표현했다. 2층의 사당은 고(考)·조(祖) 2대만을 제사 지내는 이묘(二廟)를 상징하는 것으로 보인다. 3단 구성에서는 글씨가 붉은 색으로 꾸며진 반면, 2단 구성에서는 글씨를 물고기와 함께 배치한 탓인지 푸른색으로 꾸며 전체적으로 다양한 재미를 선사한다. 충과 신의 하단에 옥돔으로 보이는 물고기를 배치하고, 주조색은 짙은 청색으로 배색은 붉은 색의 담채를 사용해 형식상의 조화로움을 꾀했다.

제(弟)자 하단을 장식한 두 마리의 검은색 물고기는 지금까지 발견된 어떤 물고기보다도 단순하고 해학적으로 표현되었다. 현대미술로 치자면 표현주의와 상징주의를 아우른 천재 예술가의 즉흥적인 그림인 셈이다. 음양오행에서 검은색은 물(水)을 뜻한다. 서예에서의 먹은 같은 검정일지라도 일반적인 검정과 다르듯이, 정신을 깨워 마음을 통일시키고 집중시키는 느낌을 준다. 물결이 넘실대는 바다 깊은 곳에서 놀고 있는 듯한 이 형상은 어둠 속에서도 눈을 감지 않는 물고기의 부지런한 속성을 담은 듯하다. 실제 물고기는 잠을 자도 눈을 감지 않는다. "눈을 떠라. 눈을 떠라. 물고기처럼 항상 눈을 뜨고 있어라. 깨어 있어라." 불교의 목어(木魚)를 떠오르게 하는 이 그림은 타향살이의 고생에서도 주경야독(晝耕夜讀)하여 공부를 마치고 형제가 함께 출세한다는 급제의 의미와도 연결되지 않을까.

15. 문자도 文字圖 Munjado, Ideographs

19세기 말 – 20세기 초 ㅣ 8폭 병풍 ㅣ 종이에 채색 ㅣ 각 71×33cm
Late 19th – early 20th c. ㅣ Eight-panel folding screen; colors on paper ㅣ 71×33cm (each)

글씨의 마지막 끝을 날카롭게 구성하여 중심 글자의 폭과 대조를 이루도록 표현한 이 작품은 사실적이고 세밀한 도상과의 관계 속에서 자유분방함과 정밀함을 넘나든다. 흡사 남종문인화와 북종채색화(지배계층의 그림과 전문화원의 그림)를 뒤섞은 듯한 문자도로 직선과 곡선의 조화가 아주 신선하다. 일반적인 문자도가 소박하고 해학적인 이미지로 민화의 매력을 한껏 뽐냈다면, 문자별 상징을 정확하게 묘사하여 소박함보단 세련된 궁중화 같은 느낌을 보여준다. 동·식물을 적절히 구성한 상징표현과 화조와 정형화된 패턴으로 자획 내부를 꾸민 뛰어난 조합은 장식적인 동시에 유교적 규율을 잘 나타낸다.

16. 제주문자도 齊州文字圖 Jeju Munjado, Ideographs of Jeju

19세기 말 – 20세기 초 ㅣ 8폭 병풍 ㅣ 종이에 채색 ㅣ 각 78.5×59cm
Late 19th – early 20th c. ㅣ Eight-panel folding screen; colors on paper ㅣ 78.5×59cm (each)

3단과 2단 구성이 조화를 이룬 제주문자도로, 효제충신예의염치 글자 가운데 신자와 예자 상단에 2층의 사당그림이 글자와 균등하게 구성돼 있다. 나머지 문자는 보편적인 3단형식의 제주문자도를 따르되 문자 양끝을 붉은색으로 둥글게 장식한 것이 특징이다. 다만 일반적인 하단부의 물고기 그림과 달리 동심원의 도식화된 패턴과 물결 문양을 배경으로 삼아 화폭마다의 독특한 미감을 강조했다. 단아한 구성미와 질박한 형식 표현, 독특한 패턴과 문자구성을 통해 제주 민화 특유의 개성미를 흠뻑 발휘한 작품이다.

효(孝)자의 하단에 그려진 두 마리의 새는 닭일까 봉황일까. 같은 그림 속 염(廉)자에 그려진 새가 유사한 형상인 것을 보면 닭보다는 봉황에 가깝다. 실제 민화류의 영모도(翎毛圖)에는 닭 그림의 비중이 크지 않다. 민화 속 도상은 대부분 고전이나 고사를 응축시킨 오랜 역사적 배경을 가지기 때문에 문자도 안에 그려진 형상을 닭으로 치환하기엔 무리가 따른다. 하지만 실제 보는 이들은 닭 그림으로 해석할 만큼 투박하면서도 친근한 모습으로 표현되었다. 세 개의 흙무덤이 하단에 장식돼 있고 그 사이에 새 두 마리가 마주한 형상으로, 효자와 의미를 더했을 때 가족 간의 화목을 상징하는 듯 보인다. 실제 이를 닭으로 해석하더라도 한 해의 무탈함을 바라는 그림이 새해 첫날 그려진 경우가 많아, 백동자도의 아이들과 함께 그려진 투계(鬪鷄) 보다는 복의 상징으로 해석해야 할 것이다.

17. 문자도　文字圖　Munjado, Ideographs

19세기 말 ‒ 20세기 초　|　10폭　병풍　|　종이에 채색　|　각 81×32cm
Late 19th ‒ early 20th c.　|　Ten-panel folding screen; colors on paper　|　81×32cm（each）

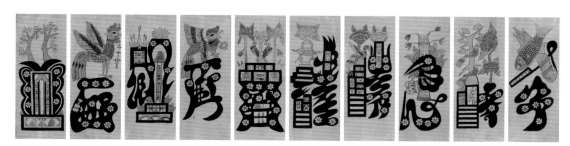

세련된 형식으로 그려진 독특한 문자도로 제와 치자가 각 두 폭씩 더해져 10폭을 이룬다. 경상도 문자도와 유사한 형식을 띄지만 서울에서 제작된 문자도가 단순화되어 지방으로 전해진 예도 다수 있으므로 단언하기 어렵다. 글자 내부에 꽃을 새긴 진한 검은색 초서의 글자가 화폭의 중심을 이루면서 상단에 상징그림들을 떠받치고 있는 형상이다. 잉어·봉황·거북이·복사꽃·할미새·매화나무 등의 옛 이야기들을 품은 도상들이 붉은 계열로 표현되었고, 그림들 사이에 발견되는 빈 책갑들은 문자도와 책가도를 연결하는 매개체 역할을 한다. 원래 10폭으로 제작되었다기보다 조상들의 생활 속에서 두 폭의 유사한 문자도가 결합된 것으로 보인다.

18. 문자도　文字圖　Munjado, Ideographs

19세기 말 ‒ 20세기 초　|　6폭　병풍　|　종이에 채색　|　각 70×33cm　|　갤러리조선민화 소장
Late 19th ‒ early 20th c.　|　Six-panel folding screen; colors on paper　|　70×33cm（each）
Gallery Joseon Minhwa

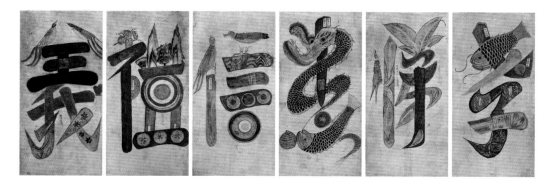

8폭 가운데 염자와 치자가 빠진 6폭으로 이루어진 문자도로 각각의 획들이 공중부양 하듯 엷은 담채로 표현되어 기존에 만날 수 없는 독특한 미감을 창출한다. 대다수의 문자도가 선명한 검은 색 선들로 이루어진 반면, 이 문자도는 투명하디 투명한 수채화의 향연을 동양으로 옮긴 듯하다. 춤추는 듯한 모양새가 글자 전체의 미감을 휘감으며 보는 이를 미소 짓게 만든다. 문자에 녹아든 독창적 형상들은 100여년 이상의 세월 머금은 듯 종이와 일체를 이루면서 묘한 색채의 층차를 남긴다. 문자도의 인상을 보여주는 작품으로 한번 접하면 잊혀 지지 않는 깊은 매력을 지녔다.

19. 문자도 文字圖 Munjado, Ideographs

20세기 전반 | 8폭 병풍 | 종이에 채색 | 각 66×34cm | 국립민속박물관 소장
First half of 20th c. | Eight-panel folding screen; colors on paper | 66×34cm (each)
National Folk Museum of Korea

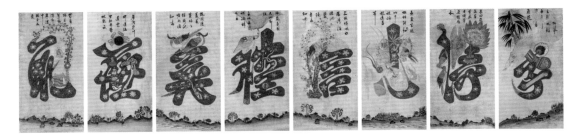

문자에 담겨 있는 관련 고사들을 행초서의 글자 안에 표현한 문자도로 하단에 산수도를 그리고 상단에 문자와 화제(畫題)를 배치한 서울 경기지방의 전형적인 구조를 보여준다. 효제충신예의염치를 순서대로 배치하고 잉어·용·게 등의 상징물을 간략한 필선으로 묘사하면서도, 글자획 내부에는 남색 바탕에 붉은색 선의 꽃문양을 가득 채워 넣음으로써 화폭 안의 강약을 조화롭게 구현하고 있다. 하단에 배치된 산수도를 곁들여 하부를 단단히 받친 후에 상단에는 관련 고사를 비뚤비뚤한 민간화공의 서체로 써 넣었다. 예자의 경우 "낙수에서 나온 거북이가 낙서 그림을 등에 지고 나왔으니, 천지간의 규범이 되었다.(洛龜負圖 天地節文)"와 "봄바람 부는 행단에서 공자께서 시서를 강론하셨네.(杏壇春風 講論詩書)"라고 적어 문자그림으로서의 백미를 강조하고 있다.

20. 강원문자도 江原文字圖 Munjado, Ideographs

19세기 | 6폭 병풍 | 종이에 채색 | 각 135×30cm
19th c. | Six-panel folding screen; colors on paper | 135×30cm (each)

문자의 획 속에 다양한 고사를 그려 넣은 문자도들은 시간이 흘러가면서 획 자체가 회화적으로 변모해 가는 것이 일반적이다. 그 가운데 강한 채색과 특유의 화려함을 근간으로 강원도의 자연경관(산수), 화조, 책거리 등과 결합한 독특한 강원문자도이다. 중앙에 문자를 두고 상·하단의 이중구조를 나누되 제주문자도처럼 선으로 구획하지 않아 화폭의 운영이 비교적 자유롭다. 글자를 축소하여 하단에 무게감을 주고 산수대신 다양한 새들을 쌍으로 배치하여 그림의 풍미를 더했다. 상단의 반 이상을 차지하고 있는 화조화의 화면구성은 문자도와 어우러져 화려함을 뽐낸다. 강원도의 특성을 바탕삼아 해방이후에는 석강 황승규(石岡 黃聖奎, 1886~1963)에 의해 수백 점의 강원문자도가 제작돼 다양한 유행을 선도하게 된다.

21. 문자도: 제(悌), 부(富) 文字圖 Munjado, Ideographs: Je(Brotherly Love), Bu(Wealth)

19세기 말 – 20세기 초 │ 종이에 채색 │ 각 56×31cm │ 선문대학교 소장
Late 19th – early 20th c. │ Framed painting; colors on paper │ 56×31cm (each) │ Sun Moon University

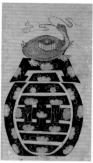

형제간의 우애를 상징하는 제자와 신령스러운 거북이를 강조한 예자가 굉장히 독특하게 표현된 그림이다. 구름과 꽃을 연상시키는 양식화된 문양이 글자 안을 채우고, 상징도상과 글자가 하나의 기물처럼 묘사된 예자는 어디서도 볼 수 없는 독특한 형상을 보여준다. 글자 자체가 장독이나 항아리 같은 형상으로 기능하는 까닭에 8자의 유교문자도에서 떼어 놓고 보더라도 하나의 완성된 미감을 창출한다. 신자는 人과 言이 대등하게 구성되어 사람 사이의 믿음이 균등한 관계에서 비롯됨을 보여주는 듯하다.

이 도록은 아래의 전시를 위해 제작되었습니다.

문자도 | 현대를 만나다
Munjado from the Joseon Dynasty

2021년 9월 14일 – 10월 31일
현대화랑, 서울

주 최   현대화랑
협 찬   (주)효성 | 한국민속촌 | 석파문화원

기 획   현대화랑
         정병모 | 한국민화학교 교장, 경주대 특임교수
         안현정 | 미술평론가, 예술철학박사

진 행   권민지
         황금별

논 고   정병모 | 한국민화학교 교장, 경주대 특임교수
         안현정 | 미술평론가, 예술철학박사
도판해설 안현정

디자인   권윤숙
촬 영   최영준
인 쇄   연미술
발행처   현대화랑

Catalogue © 2021 Gallery Hyundai

ISBN 978-89-6736-106-8

현대화랑

서울시 종로구 삼청로 8
8, Samcheong-ro, Jongno-gu, Seoul, 03062, Korea
T. 02 2287 3591 www.hyundaihwarang.com